TRICK 17

304 neue geniale Alltagstipps

Improvisation
ist das halbe
Leben

Die besten
Lifehacks
für jede
Lebenslage

Benjamin Behnke, Kai Daniel Du, Anita Arneitz,
Ina Volkmer, Susanne Pypke und Antje Krause

Impressum

ISBN 978-3-7724-7851-2

Genehmigte Sonderausgabe für Weltbild GmbH & Co. KG,
Werner-von-Siemens-Str. 1, 86159 Augsburg

FOTOS: frechverlag GmbH, 70499 Stuttgart; lichtpunkt, Michael Ruder, Stuttgart; Fotolia/Prill
Mediendesign (Holzlatten hell), Fotolia/Africa Studio (Holzlatten mittelbraun), shutterstock/Triff
(Holzplatte dunkel), Fotolia/taonga (Kork), Fotolia/A_Bruno (Tafel), istock/MG1408 (Marmor-
platte), istock/MLiberra (geknülltes Küchenpapier), shutterstock/StevanZZ (Arbeitsplatte hell),
Fotolia/macgyverhh (geknülltes Papier); Fotolia/Stillfx (Stofftextur), Fotolia/Sondem (Rasen),
Fotolia/Leitner R (dunkle Bretterwand), vulcanus (Terrakottawand)

MODELLE: Anita Arneitz: S. 32-35, 42-53, 226-265, 276-287, 300-307; Kai Daniel Du und Benjamin Behnke: S. 6-11, 18-21, 180-223; Franziska Heidenreich: S. 312-315, 322-329, 332-337,
342-345; Antje Krause: S. 12-17, 22-31, 36-41, 54-63, 164-169, 176-179, 266-273, 288-299,
316/317; Bianka Langnickel: S. 310/311, 318-321, 330/331, 338-341; Susanne Pypke: S. 66-115,
170/171; Ina Volkmer: S.118-163, 172/173

ILLUSTRATIONEN: frechverlag GmbH, 70499 Stuttgart; Katrin Lemmer (Pfeile, Daumen, Glüh-
birne, Ausrufezeichen, Smileys); designed by Freepik (Obst, Werkzeug, Babyspielzeug, Hygiene-
bzw. Badeartikel, Landkarte, Rucksack, Reisepass); fotolia/jesadaphorn, summerset (Urlaubs- und
Freizeituntensilien, Kaffeetasse ohne Untertasse, Cowboyhut); FSM Premedia GmbH & Co.
KG, Münster (Silvester- und Winterzeichnungen), istock/Ming Lok Fung (Küchenutensilien,
Gartengeräte, Insekten, Pflanzen); www.shutterstock.com: abooka und Katyau (Make-up-Utensi-
lien), istock/NAME (Nähutensilien); girafchik (hand drawing decorative elements); Marlen Lütke
Hüttmann (Küchenutensilien & Lebensmittel)

ILLUSTRATIONEN KAPITEL-AUFMACHERSEITEN: Rosenrot – Charlotte Müller und Christine
Gerlach, Berlin

Verantwortlich für die Originalausgabe:
PRODUKTMANAGEMENT UND LEKTORAT: Janina Vogel
COVERGESTALTUNG: Konstanze Laue
SATZ: FSM Premedia GmbH & Co. KG
DRUCK UND BINDUNG: Livonia Print SIA, Lettland

1. Auflage 2018

© 2018 frechverlag GmbH, Turbinenstraße 7, 70499 Stuttgart

Inhalt

Wohnen und Leben

1 Flaschen blitzschnell ausgießen

Du möchtest eine Getränkeflasche schnell entleeren? Dazu musst du sie nur umdrehen und schnell kreisförmig bewegen.

In der Flasche bildet sich ein Strudel, durch den die Luft ins Innere der Flasche gerät.

GLASSCHERBEN AUFSAMMELN 2

Ist ein Glas zu Bruch gegangen, kannst du die besonders kleinen Splitter mit einer Scheibe Toastbrot aufsammeln.

Das Brot danach sofort und sicher entsorgen.

Kaffeeränder ade! ³

Hartnäckige Tee- und Kaffeereste lassen sich ganz einfach mit Salz entfernen. Die Fläche einreiben, aber nicht zu fest schrubben, denn das Salz kann die Beschichtung der Tasse zerkratzen.

Um Tee- oder Kaffeekannen zu reinigen, kannst du auch Gebissreiniger in warmem Wasser auflösen und in die Kanne geben. Über Nacht stehen lassen und am Morgen gründlich ausspülen.

4 Lippenstift entfernen

Lippenstift-Rückstände an Gläsern lassen sich mit Salz problemlos entfernen.

Die Anti-Fettlöser im **Lippenstift** erschweren das Entfernen mit Spülmittel.

5
SAUCENRÄNDER ADE!

Wische Plastikdosen mit einem in Öl getränkten Küchentuch aus, bevor du färbende Saucen, wie Tomatensauce, einfüllst. Auf diese Weise verfärben sich die Dosen nicht so schnell.

Vergiss nicht, auch die Innenseite des Deckels einzuölen.

6
Zitrusfrischer Kühlschrank

Deinen Kühlschrank kannst du mit Zitronensaft oder aufgelöster Zitronensäure gründlich auswischen, um ihn gleichzeitig zu reinigen, zu desinfizieren und wunderbar frisch duften zu lassen.

Geht schnell, ist günstig – und ganz natürlich.

Improvisierte Fusselbürste 7

Tupfe mit einem Stück Paketklebeband über deine Kleidung:
Lose Fusseln und Haare bleiben daran haften.

Es muss nicht unbedingt Paketklebeband sein,
es funktioniert natürlich auch jedes andere gut
haftende Klebeband wie Malerkrepp, Washi Tape
oder Klebefilm.

Tierhaare am Hosenbein

8

Morgens vor der Arbeit nochmal kurz die Katze um die Beine schnurren lassen oder den Hund herzen und schon haften Haare an der Hose. Keine Angst, du musst dich nicht umziehen! Feuchte einfach ein Frottee-handtuch leicht an und putze die Haare ab.

Funktioniert auch mit einem angefeuchteten Nylonstrumpf!

Klappt besonders gut bei dünnen Baumwollstoffen, z. B. bei Blusen, Sommerkleidern oder Oberhemden.

Upside down bügeln

Wer kein Dampfbügeleisen hat, kann ein feuchtes Geschirrtuch aufs Bügelbrett legen. Das Kleidungsstück darauf ausbreiten und mit einem normalen Bügeleisen darüber bügeln. Die Wäsche wird durch den Dampf schneller glatt.

Für Helden am Bügelbrett

Bügle den Kragen von Oberhemden und Blusen immer von der Kragenspitze in Richtung Mitte. Warum? Da die Kragenoberseite immer ein paar Millimeter größer ist als die Unterseite (damit sich der Kragen geschmeidig nach unten legt und nicht starr absteht), würde dieser zusätzliche Stoff beim Bügeln in umgekehrter Richtung Falten in den Kragenspitzen bilden. Bügelst du von den Spitzen weg, verteilt sich die Mehrweite unbemerkt in der gesamten Länge des Kragens.

Geschäftsreise: Ist nur der Kragen verknittert, lässt er sich mit einem Glätteisen für Haare in Form bringen. Stelle es auf die niedrigste Stufe, damit der Stoff nicht verbrennt.

Bügle den Kragen am besten von hinten, das schont den Stoff.

Hilfe bei kratzigen Wollpullis

TIPP 1

Was bei dir gegen strohige Haare nützt, hilft auch deinem Wollpullover, der nach mehrmaligem Waschen „kratzbürstig" geworden ist. Lege ihn nach dem Waschen für etwa 15 Minuten in lauwarmes (keinesfalls heißes) Wasser und gib einen Klecks Haarkur hinzu. Danach ausspülen und auf einem Handtuch liegend trocknen.

TIPP 2

Wenn du deinen Wollpulli aus Versehen zu heiß gewaschen hast und er verfilzt und eingelaufen ist, kannst du versuchen, ihn mit einer Haarkur zu retten: Gib viel (wirklich viel!) Haarkur in eine Schüssel mit kühlem Wasser (du darfst ruhig die allerbilligste Kur nehmen). Weiche deinen Pulli mindestens 6 Stunden darin ein (dazwischen immer mal wieder vorsichtig dehnen). Danach gründlich ausspülen, in Form ziehen und liegend trocknen.

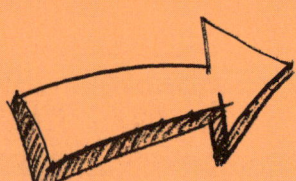

Das funktioniert nur bei echter Wolle und auch nur, wenn das Teil nicht bis zur Unkenntlichkeit geschrumpft ist.

12 BUNT UND FRISCH

Farbige Kleidung nach Möglichkeit stets im Schatten trocknen, in der Sonne bleichen die Farben schneller aus.

Frische die Strahlkraft deiner farbigen Kleidung auf, indem du sie ab und zu in Essigwasser badest. Gib einen Schuss klare Essigessenz in einen Eimer Wasser und spüle die bunten Lieblingsteile durch. Zum Schluss noch einmal in klarem Wasser spülen.

Die gleiche Essigspülung erfrischt Kleidung, die nach dem Waschen muffig riecht. Je nach Hartnäckigkeit des Geruchs musst du den Essig gegebenenfalls höher dosieren und danach mit einem normalen Waschgang nachwaschen, um den Essiggeruch wieder zu vertreiben. Kümmere dich aber auch um die Ursache der Geruchsbelästigung: Flusensieb und Waschmittelschublade deiner Waschmaschine reinigen, einmal so heiß wie möglich laufen lassen oder Wäschedesinfektion verwenden, um die miefauslösenden Bakterien abzutöten.

Wohnen & Leben

13 Schere schärfen

Eine stumpfe Küchenschere schärfst du an einem Flaschenhals. Tue dabei so, als wolltest du den Flaschenhals mit der Schere abschneiden.

Lass die gesamte Schnitt-fläche am Flaschenhals entlang gleiten, damit sie gleichmäßig scharf wird.

14

Messer schärfen

Stumpfe Messer lassen sich ganz einfach am Bodenring von Tellern, Tassen und Schalen schärfen.

Auch Tontöpfe sind geeignet.

15 DUFTE THERMOSKANNEN

Den muffigen Geruch aus Thermoskannen und anderen geschlossenen Behältern kannst du mit Salz entfernen. Gib Salz in die leere Kanne, lass es einige Stunden darin und schütte es anschließend heraus.

Wenn du Thermoskannen längere Zeit lagerst, kannst du gleich etwas Salz hineingeben.

16

Koffeindünger

Kaffeesatz kannst du hervorragend als Pflanzendünger verwenden. Vor allem für Gartenpflanzen geeignet.

Durch seine leichte Säure senkt Kaffeesatz den pH-Wert des Bodens, neutralisiert kalkhaltiges Gießwasser und hält Schädlinge fern.

Ein Teilstück des Ingwerrhizoms genügt übrigens. Die Schnittfläche trocknet rasch ein.

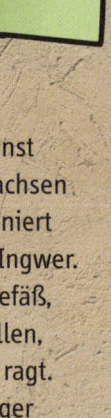

Aus der Ingwerknolle kannst du eine Ingwerpflanze wachsen lassen. Am besten funktioniert ein Stück frischer, praller Ingwer. Dieses so in ein kleines Gefäß, z. B. einen Eierbecher, stellen, dass ein Auge ins Wasser ragt. Hier bilden sich nach einiger Zeit ein paar Wurzeln. Dann die Knolle flach in Erde pflanzen.

Ingwer 17 pflanzen

Kräuter-nachschub

Manche Kräuter, wie Pfefferminze, Zitronenmelisse oder Basilikum, bewurzeln leicht. Daher behalte ein paar Stängel aus deinem Kräuterbund zurück und stelle sie in einem Wasserglas ans Fenster. Es werden sich bald Wurzeln bilden.

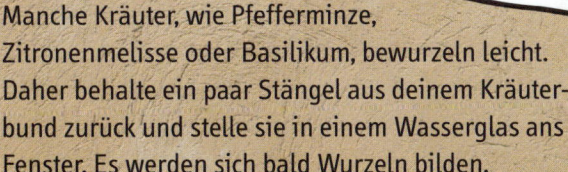

Sobald die Wurzeln etwa 1 cm lang sind, kannst du die Pflänzchen in einen Topf mit Erde setzen.

IMMER 19 FRISCHES GRÜN

Frühlingszwiebeln besitzen häufig noch einen Rest Wurzeln, daher kannst du das untere weiße Ende problemlos in einen Topf pflanzen, nachdem du den grünen Lauch für die Küche verwendet hast. So kannst du immer etwas Zwiebellauch ernten.

Frühlingszwiebeln sind absolut pflegeleicht.

Basilikum-Trick

20 Basilikum aus dem Supermarkt macht nach wenigen Tagen schlapp, obwohl es sonnig steht und du es regelmäßig gießt? – Es hat zu wenig Platz im Topf! Deshalb teile die Pflanze möglichst schnell in mindestens drei Teilstücke und pflanze diese separat ein.

Ziehe den Wurzelballen langsam und vorsichtig auseinander.

21

Frischeduft im Kleiderschrank

Du wünschst dir sanften Duft im Kleiderschrank? Und das schnell und unkompliziert? Lege ein Stück Seife hinein. Es verströmt dort sehr lange sein Aroma.

Der Klassiker für guten Schrankduft sind Lavendelsäckchen. Kleine Baumwolltäschchen mit getrockneten Lavendelblüten und -blättern füllen, zubinden und aufhängen. Lavendel gedeiht auch auf dem Balkon, im Garten sowieso. Lavendel- und Zedernholzgeruch hält außerdem Motten fern!

EIN SCHMUCKER ZWEIG

Schöner und einfacher kannst du deinen Schmuck gar nicht präsentieren: Suche dir einen hübschen, reich verzweigten trockenen Ast im Garten, im Wald oder beim Floristen und stelle ihn kippsicher in eine schwere Vase – fertig ist dein Schmuckständer.

Wer möchte, kann den Zweig selbst noch zu einem Schmuckstück machen und ihn mit Acryllack bepinseln oder besprühen. (Vor dem Behängen mit Schmuck aber völlig durchtrocknen lassen.)

23
Zickiger Zipper

Der Reißverschluss verhakt sich dauernd? Panik, die Hose nie wieder verlassen zu können? Reibe den Reißverschluss mit einem Stück Seife ein.

Nach dem Waschen gegebenenfalls wiederholen.

Weder Seife noch Kerzen im Haus? Graphit von einem weichen Bleistift geht auch!

ZIPPER-ZICKE NR. 2

24

Wohnen & Leben

Falls der Seifentrick nichts für dich ist, z. B. weil du nur Flüssigseife im Haus hast, tut es auch eine Kerze. Einfach damit über die Zähnchen des schwergängigen Reißverschlusses fahren. – Ein Teelicht geht natürlich auch.

Sesam, öffne dich! Der Reißverschluss geht ständig auf? Schlüsselring durch das Schiffchen des Reißverschlusses ziehen, über den Hosenknopf legen – hält!

Das gilt nicht für Schwangere oder Menschen mit sehr ungewöhnlichen Körperproportionen. Am besten, du testet das zuhause einmal mit einer Hose, die dir gut passt. Bei den allermeisten Menschen funktioniert diese Methode (sehr nützlich auch beim Kauf von Unterhosen!).

Passt wie 25 angegossen!

Wenn du wissen möchtest, ob dir eine Hose passt, und du keine Lust hast, an der Umkleidekabine anzustehen, halte dir den zugeknöpften Hosenbund um den Hals. Wenn er genau herum reicht, passt die Hose.

Einfädelhilfe 26

Der Faden ist lappig, das Nadelöhr ist klein ... und dennoch muss das eine ins andere. Sprühe Haarspray auf den Faden und du kannst ihn leichter einfädeln!

Hilft auch oft: Fadenende neu abschneiden oder (bei großem Öhr) Faden doppelt legen, dadurch ist er stabiler.

Geht auch: Fadenende in Nagellack tauchen, abstreifen, kurz warten, einfädeln.

27

Und Prost!

Draußen sitzen und ein kühles Bier oder einen Apfelwein zischen. Eine feine Sache, und coole Leute brauchen dazu nicht mal einen Flaschenöffner: Denn nur auf die Hebelwirkung kommt es an – deshalb kannst du eine Flasche mit unterschiedlichsten Gegenständen öffnen, etwa mit einer zweiten Flasche. Der Trick ist, die Kante des Gegenstands fest unter dem Kronkorken der Flasche zu platzieren und sie mit Kraft der Hebelwirkung nach unten zu ziehen.

Nimm zwei Flaschen. Eine stellst du hin, die andere drehst du um, sodass der Kronkorken nach unten zeigt.

Wenn du Auto oder Wohnmobil in der Nähe hast, geht das auch mit dem Sicherheitsgurt: Den Gurt heranziehen, seine Schnalle unter den Verschluss klemmen und diese nach unten drücken – fertig!

Nun hakst du den Kronkorken der auf den Kopf gestellten Flasche unter dem anderen Kronkorken ein. Jetzt die Flasche mit ein wenig Druck nach unten kippen, weg von der zu öffnenden Flasche.

Schon hebt sich Kronkorken Nr. 1.

Den Kronkorken von der geöffneten Flasche nehmen und mit den Zacken unter den Rand von Kronkorken Nr. 2 stecken. Die Flasche festhalten und den Daumen für die Hebelwirkung verwenden; den Kronkorken Nr. 1 mit Schwung nach unten drücken, schon ist auch die zweite Flasche geöffnet.

Übung macht den Meister!

Der Schlüssel zum Wein

28

Sonnenuntergang am Meer. Nette Gesellschaft. Ein gutes Fläschchen Wein auf dem Balkontisch. Und kein Korkenzieher! Deine Chance, blitzschnell zum Held des Abends zu werden:

1 Du brauchst dazu nur einen Schlüssel.

Alternative für kräftige Kerle: Den Korken komplett in die Flasche hineindrücken oder eine Schraube bis zur Hälfte in den Korken hineindrehen und ihn daran herausziehen.

2

Das Etikett entfernen und den Schlüssel schräg in den Korken drücken. Am leichtesten funktioniert das mit einem spitz zulaufenden Schlüssel mit eckigen Zacken.

3

Ein Handtuch sorgt für einen festen Griff und der Schlüssel schmerzt nicht in den Händen.

4

Wenn der Schlüssel fest im Korken sitzt, langsam damit den Korken drehen und ihn während des Drehens stetig Stück für Stück nach oben ziehen, bis er ganz herausgezogen werden kann. Cheers!

Schuhputzer

29

Lederschuhe lassen sich sehr gut mithilfe von alten Socken pflegen. Egal, ob Schuhcreme auftragen oder glatt polieren, alte Einzelsocken übernehmen diesen Job gerne.

Wer lieber mithilfe einer Bürste poliert, kann den Socken auch über die Bürste ziehen.

Bröselige Schuhcreme

Nur noch antike Schuhcreme im Schrank? Eingetrocknete Schuhcreme lässt sich mit ein wenig Milch wieder cremig rühren.

Rühre immer nur eine kleine, gerade benötigte Portion glatt.

Schuhlöffelersatz

31

1 Du kommst schlecht in deine Schuhe hinein und trittst beim Anziehen immer den Hacken herunter? Nimm einen Gürtel und lege das Ende mit den Löchern in deinen Schuh; halte das Ende mit der Schnalle dabei fest.

2 Nun schlüpfst du in den Schuh – der Gürtel liegt dabei unter deinem Fuß.

3 Während du deinen Fuß in den Schuh hineinschiebst, ziehst du den Gürtel heraus – wie bei Opas gutem altem Schuhlöffel.

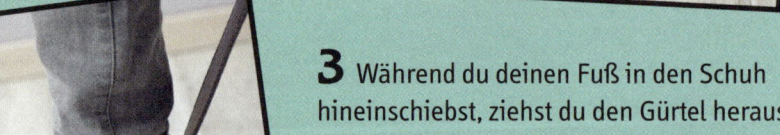

Du kannst auch einen A4-Briefumschlag oder ein A4-Blatt drei Mal der Länge nach falten und ebenso benutzen.

Funktioniert ebenfalls: Desinfektions-spray in den Schuh sprühen und über Nacht trocknen lassen.

Du kannst ein Schüsselchen voll Natron übrigens auch in den Kühlschrank stellen, wenn dort mal wieder Ge-ruchsbelästigung herrscht.

32 STINKESCHUH

Deine Schuhe müffeln? Streue über Nacht Natron hinein. Natron hat wunderbarerweise die Eigenschaft, Gerüche zu binden.

33 Platz sparen

Oft sind es gerade die Accessoires, bei denen das Ordnunghalten schwerfällt. Einfache Kleiderbügel schaffen Abhilfe. Hänge die gefüllten Bügel einfach in den Kleiderschrank.

1 Bei dieser Variante hängst du Ringe aus Plastik, die normalerweise Duschvorhänge halten und günstig zu haben sind, auf einen Kleiderbügel. Du kannst Tücher und Schals bequem durch die Ringe fädeln und genauso easy herausziehen.

2 Hier hängen Karabinerhaken aus dem Baumarkt an einem Drahtbügel von der Reinigung. Karabiner aufdrücken und alles, was man auffädeln kann, einhängen: Taschen, Basecaps, Gürtel ...

ALLES AN SEINEM PLATZ

Platzsets, z. B. aus Bast oder Kunststoff, haben häufig eine grob gewebte Struktur – perfekt zum Ordnen der Ohrring-Sammlung. Klipse noch eine Foldback-Klammer aus dem Bürobedarf ans Platzset, sodass du es aufhängen kannst. Die Ohrringe durchs Platzset pieken.

Lässt sich je nach Set auch super rollen und mit auf Reisen nehmen!

35 Ruhe jetzt!

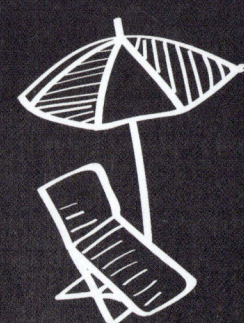

Ohrstöpsel kannst du unterwegs geschwind aus einem Taschentuch formen. Dazu am Falz entlang ein Stück abtrennen und dieses halbieren. Mit ein wenig Wasser ein bis zwei Zentimeter große Pfropfen daraus knüllen. (Das funktioniert übrigens auch mit Kauen – rein praktisch ...)

Alternativ dämpfen ausgeschaltete Kopfhörer den Lärm um dich herum.

Achtung: Die Taschentuchstöpsel nicht zu tief ins Ohr stecken, sonst kannst du sie vielleicht nicht mehr in einem Stück herausholen.

Tüte, öffne Dich!

Manche Tüten wollen einfach nicht aufgehen, sie kleben regelrecht aneinander. Zwei Münzen können da Abhilfe schaffen: Halte die Münzen vorn und von hinten an die Tüte und drücke sie dagegen. Schwups, ist die Tüte offen.

Lege eine Chips-Tüte flach hin und schneide mit der Schere ein Loch in den vorderen Teil. Schon hast du eine praktische Schale, aus der man die Chips ganz einfach herausnehmen kann, ohne mit der Hand in der Tüte herumzuwühlen.

Berühren erlaubt

37

Gerade war er noch da, jetzt ist er verschwunden: So ein Touchpen ist ein Phänomen. Doch keine Sorge, im Nu hast du einen Neuen gebastelt. Nimm einfach einen Bleistift oder einen Kugelschreiber mit möglichst runder Spitze (auf keinen Fall darf sie spitz sein!). Wickle die Spitze in Alufolie und umhülle sie mit einem Streifen Klebefilm, so schützt du den Touchscreen vor Kratzern. Und schon kann's weitergehen!

Du kannst auch ein sauberes Essstäbchen aus Holz verwenden.

Unterschiedliche Bildschirme reagieren unterschiedlich auf Berührungen. Teste vorsichtig, wieviel Berührung dein Bildschirm braucht.

In Federn gehüllt

38

Jedes Kabel hat eine Schwachstelle, bei Ladekabeln ist dies meist das Stück vor dem Stecker. Wenn du diesen Abschnitt mit der Feder eines Kugelschreibers verstärkst, schützt das vor einem Bruch und das Kabel hält länger.

Alternativ kannst du das Kabel an der Risikostelle mit Klebestreifen umwickeln.

Abkühlung gefällig?

Wenn im Zimmer vor lauter Hitze die Luft steht, hole aus dem Badezimmer ein nasses Handtuch, stelle dich damit in die Mitte des Raumes und schwinge das Handtuch ein paar Mal herum. Schon kannst du wieder aufatmen.

Hänge das Handtuch danach im Zimmer auf: Die Feuchtigkeit lässt die Temperatur um ein paar Grad sinken.

Kühl gebettet

Bei Affenhitze kann niemand schlafen. Verschaffe dir gleich beim Einschlafen eine Abkühlung: Lege den Bezug deines Kissens eine halbe Stunde vor dem Zu-Bett-Gehen in den Kühlschrank. Herrlich erfrischend!

Du hast ein Zimmer ohne Klimaanlage? Fülle ein Kissen mit Eiswürfeln und hänge es vor den Ventilator. Ganz schnell weht eine kühle Brise durch den Raum.

Ausgebremst

Plopp. Plopp. Plopp. Ein tropfender Wasserhahn kann richtig nerven und einem sogar den Schlaf rauben. Lass dir das nicht gefallen: Nimm eine Schnur und binde sie um den Wasserhahn. Die Tropfen fallen jetzt nicht mehr laut in die Tiefe, sondern laufen leise über die Schnur entlang zum Abfluss.

Alternativ kannst du einen Teebeutel um den Hahn binden, er nimmt dem Wasser ebenfalls den Schwung.

MIR STINKT'S!

Kampf dem Gestank nach Nikotin und vergangenen Partynächten!
Schnapp dir den Wasserkocher und koche darin Wasser mit ein wenig
Essig auf. Stelle das Gemisch im Raum auf: Nach und nach verschwin-
den die unangenehmen Gerüche.

Hänge ein Trocknertuch über die Klimaanlage, dort verströmt es seinen frischen
Duft besonders effektiv.

Du brauchst zwei unterschiedlich
große Wasserflaschen, zwei
Kabelbinder und eine Schere.

①

②

Schneide von der größeren
Wasserflasche den Verschluss
ab und bringe auf einer Seite
oben und unten insgesamt vier
Löcher für die Kabelbinder an.

DIY- 43
Getränkehalter

An deinem Rad sind weit und breit keine Löcher für einen Getränkehalter zu sehen? Macht nix, diesen Halter bekommst du auch ohne
Bohrmaschine befestigt!

Ziehe die Kabelbinder durch die Löcher.

3

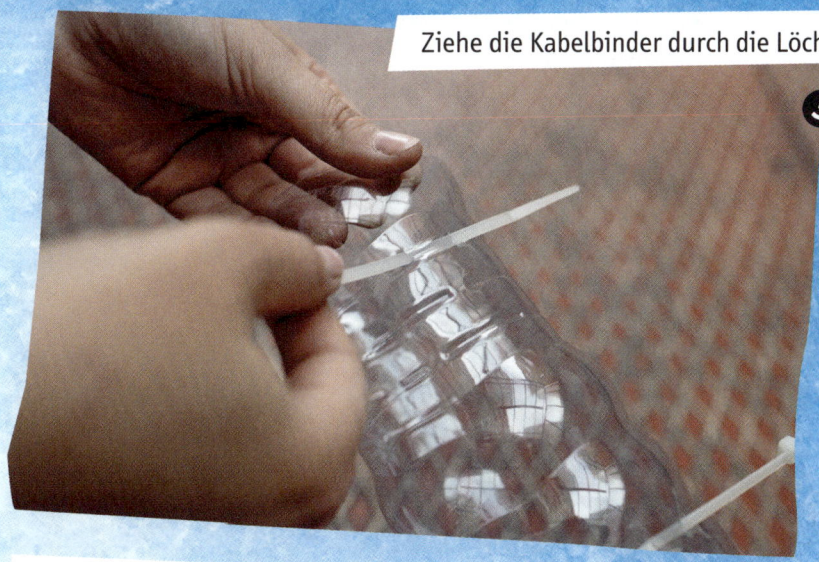

Befestige damit die Flasche am Rahmen und stecke die kleine Wasserflasche hinein – fertig ist der Getränkehalter!

4

Statt Kabelbindern kannst du auch ein Stück Draht oder ein dünnes Seil nehmen.

44 SAUBER AUF SPUR GEBRACHT

Deine Kette ist abgesprungen? Ruhig bleiben. Die Kette zuerst auf den hinteren Zahnkranz aufsetzen, dann am vorderen Kranz oben einhängen und das Pedal langsam drehen. Die Kette sollte nun ganz von alleine auf den großen Kranz springen. Mithilfe von zwei Zahnbürsten lässt sich die Fahrradkette dabei angreifen und ölen, ohne dass die Hände verschmiert werden.

Um schnell mal die Kette zu pflegen und nachzu-schmieren, kannst du unterwegs im Notfall statt Kettenfett auch Vaseline oder ein paar Tropfen Babyöl nehmen.

Spritzschutz

Bei schlechtem Wetter werden beim Radfahren die Schuhe schnell dreckig und nass. Stülpe als Schutz eine Plastiktüte über deine Füße und fixiere sie mit einem Haushaltsgummi.

Im Winter hält eine auf gleiche Weise am Fuß angebrachte Alufolie schön warm.

WACHSFLECKEN AUF HOLZ 46

1

Hat das Candle-Light-Dinner Spuren auf dem Terrassen-
tisch hinterlassen, hole einen Föhn, Essigessenz, einen
Holzspatel und einen Lappen.

Erwärme zuerst das Kerzenwachs mit dem Föhn und
hebe mit dem Spatel das
Gröbste ab.

Nun tränkst du den
Lappen in der Essig-
essenz und reibst den
letzten Wachsfilm ab.

Wie du Wachs von
Glasoberflächen
entfernst, erfährst
du auf der nächsten
Seite.

Welches Öl du nimmst, spielt keine Rolle. Greife einfach zum günstigsten Pflanzenöl, das deine Küche zu bieten hat, z. B. Raps- oder Sonnenblumenöl.

Wachsflecken auf Glas

47

Windlichtgläser, die beim Auspusten der Kerzen Wachsspuren abbekommen haben, erstrahlen schnell wieder in altem Glanz. Lasse das Wachs erkalten und kratze vorsichtig die groben Wachsreste ab. Den milchigen Wachsschleier entfernst du mit einem in Pflanzenöl getränkten Lappen.

Herbstlaub solltest du vom Rasen entfernen, damit die Gräser darunter nicht absterben über den Winter. Du kannst das Laub zusammenrechen und in Körben auf den Kompost tragen. Schneller geht es jedoch mit dem Rasenmäher! Parallel zum letzten Rasenschnitt nimmt er das Laub auf und sammelt alles im Auffangbehälter.

Durch den Rasenmäher wird das Laub obendrein noch gut zerkleinert, sodass es schneller auf dem Kompost verrottet.

49 POWER-DÜFTE

Einfach die Pflanzen außen auf die Fensterbank stellen.

Öfter abgespannt? Unkonzentriert oder nervös? Hole dir doch ein wenig Unterstützung aus dem Pflanzenreich! Rosmarin und Pfefferminze erfrischen durch ihren Duft und fördern die Konzentration. Lavendel mildert nervöse Stimmungen und hilft bei Kopfschmerzen.

Schlüssel-versteck 50

Für ein super Schlüsselversteck brauchst du ein wetterfestes verschließbares Gefäß, einen großen Stein sowie Silikon oder einen
anderen wetterfesten Kraftkleber. Klebe den Deckel des Gefäßes unter
den Stein. Lege deinen Schlüssel in den Behälter und schraube ihn
unter den Deckel. Dann legst du den so präparierten Stein zwischen
andere Steine oder ins Blumenbeet.

Gut eignen sich eine Creme-
dose mit Schraubdeckel oder
ein Halspastillen-Döschen.

51
Katzen vertreiben

Wohnen & Leben

Katzen sind niedliche Geschöpfe, bei der Wahl ihres WCs aber häufig nicht sehr gärtnerfreundlich. Mit Kaffeesatz auf den Gemüsebeeten vertreibst du sie aus diesen sensiblen Bereichen.

Auch gemahlener Pfeffer vergrault Katzen aus dem Garten.

AMEISEN
52 UMSIEDELN

Ameisen stören dich? Versuche sie umzusiedeln: Fülle leicht angefeuchtetes Stroh, Holzwolle oder Zeitungspapier in einen Tontopf. Stülpe ihn über das Nest oder neben eine Ameisenstraße und warte ein paar Tage. Wenn den Ameisen das angebotene Heim zusagt, werden sie samt Königin umziehen.

Den Topf dann vorsichtig anheben, eine Schaufel darunterschieben und wegtragen – mindestens 50 m weit entfernt, sonst würden die Ameisen zurückfinden.

Damit zwischen den Kisten kein Spalt zu sehen ist, klemme die Seitenteile mit Vielzweckklammern aus dem Bürobedarf zusammen.

Stauraum für wenig Geld

53

Aufbewahrungsmöglichkeiten in Gartenschuppen und Garage kann man niemals zu viel haben. Dübele deshalb stabile Holzkisten an die Wand. Unterschiedliche Größen und Macharten sind kein Problem, im Gegenteil: Dann wird es besonders charmant.

EINFACH MAL ABHÄNGEN

54

Endlich gibt es mal eine gute Verwendungsmöglichkeit für all die schönen Möbelknäufe, denen man in Dekoläden und auf Flohmärkten kaum widerstehen kann.

Schraube einfach Möbelknäufe oder andere Haken nebeneinander auf ein Stück Holz. Das Holz befestigst du mit zwei Schrauben samt Dübeln an der Wand.

Kinder & Babys

Schnuffelhase

55

Einschlafen und beruhigen geht einfach viel besser, wenn man einen kleinen, kuscheligen Freund bei sich hat. Diesen niedlichen Schnuffelhasen kannst du ganz einfach aus einer schönen Socke machen.

1 Stopfe die Socke bis zur Ferse mit der Füllwatte aus.

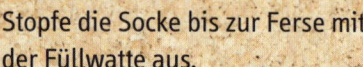

2 Binde nun die Socke über der Ferse mit der Wolle oder etwas Garn fest ab. Verknoten und abschneiden.

3 Lege für den Kopf das Satinband (30 cm lang) unterhalb der Ferse um die Socke und binde eine Schleife. Mit einem Knoten sichern.

4 Für die Ohren schneidest du die Socke vom Bündchen bis zum Kopf in zwei Hälften. Schneide jede Hälfte spitz zu — fertig ist der Schnuffelhase!

Wenn du magst, kannst du dem Häschen mit einem feinen Permanentmarker oder Stoffmalstift Schlafaugen aufmalen.

Licht im **56** Dunkeln

Mit einem Metallkleiderbügel und einer Lichterkette kannst du ganz einfach ein schönes Nachtlicht fürs Kinderzimmer basteln. Biege den Kleiderbügel mit der Zange zu einer Wolke und schlinge die Lichterkette um den Draht. Nach Wunsch kannst du den Kleiderbügel noch in einer schönen Farbe ansprühen.

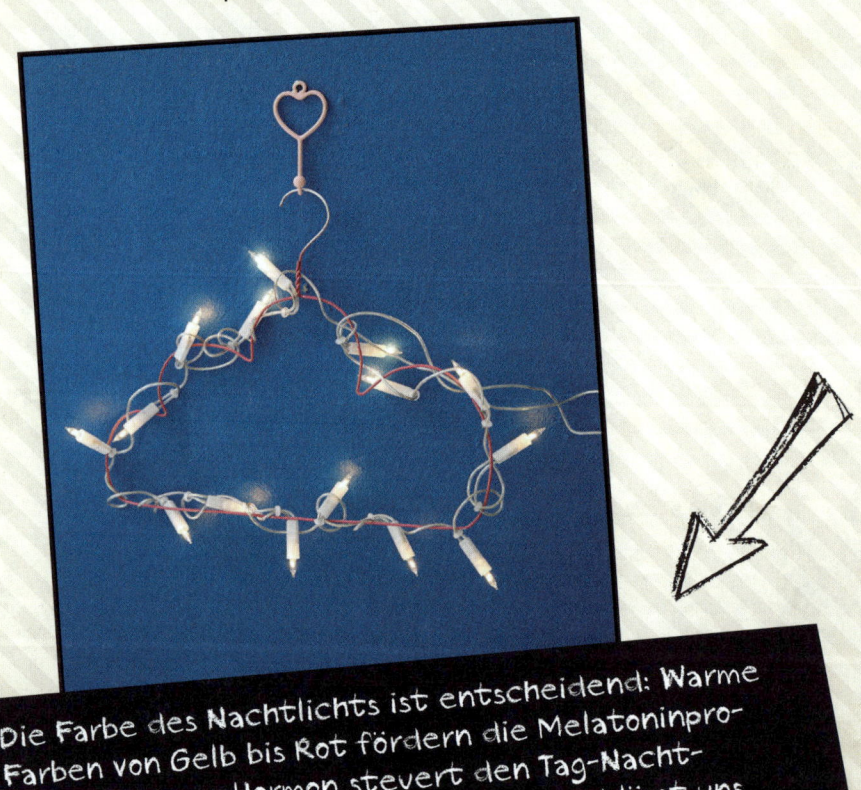

Die Farbe des Nachtlichts ist entscheidend: Warme Farben von Gelb bis Rot fördern die Melatoninpro-duktion. Dieses Hormon steuert den Tag-Nacht-Rhythmus des menschlichen Körpers und lässt uns besser schlafen.

So ein Gymnastik-
ball ist auch für die
Schwangerschafts-
und Rückbildungs-
gymnastik sinnvoll.
Frag am besten ein-
mal deine Hebamme
im Geburtsvorberei-
tungs- oder Rückbil-
dungskurs.

57
Ballentspannung

Setz dich auf einen Gymnastikball, um sanft auf und ab zu wippen. Das
spart deine Kräfte und beruhigt das Baby, damit es einschlafen kann.
Das sanfte Auf und Ab erinnert dein Baby an das Wiegen im Bauch.

Massage zur Beruhigung

Dein Baby ist unruhig? Dann umgreife mit einer Hand seinen Unterschenkel. Streiche anschließend mit dem Daumen der anderen Hand von den Zehen zur Ferse und wieder zurück.

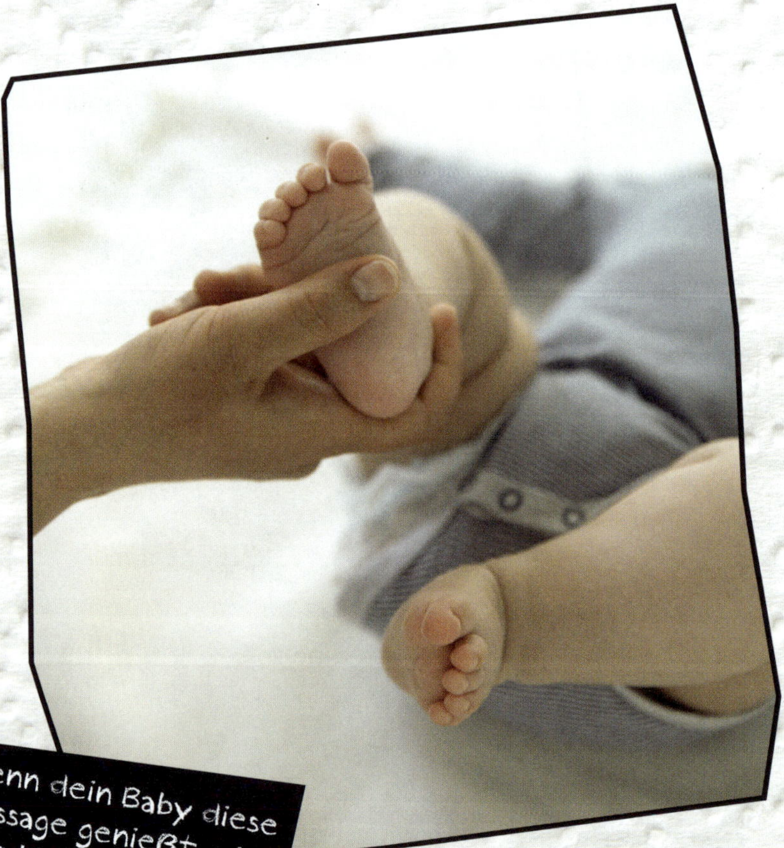

Wenn dein Baby diese Massage genießt, wird es ruhiger.

Hand auflegen

Dein Kind schläft nur, wenn du ihm die Hand auflegst? Versuche es mal mit einem Handschuh, den du mit Reis füllst. Sobald dein Kind unterwegs ins Land der Träume ist, kannst du dich ganz leise aus dem Zimmer stehlen.

COOLES WINDEL-GRANULAT

60

Kühlpacks helfen bei kleinen Schrammen und blauen Flecken. Mit Windelgranulat kannst du dir im Handumdrehen selbst welche machen.

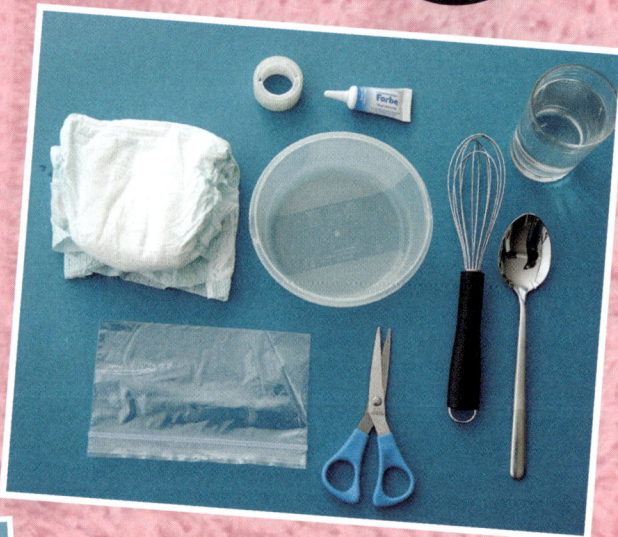

1 Öffne die Windel an einer Seite und hole die Füllung mit der Hand heraus. Du brauchst nur das Granulat. Die Zellulose kannst du entfernen.

Gib reichlich Wasser auf das Granulat und rühre es an, bis eine glitschige Masse entsteht. Färbe die Masse mit etwas Lebensmittelfarbe ein. **2**

Gib die Masse in die Tüte.
Streiche die Luft vorsichtig
aus und verschließe die Tüte.

3

4

Damit die Tüte dicht bleibt,
den Verschluss mit Klebefilm
abkleben. Jetzt kannst du dein
Kühlpack bis zum ersten Einsatz in den Kühlschrank legen.

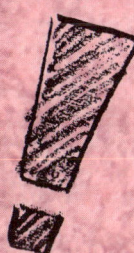

61

Träger zusammenhalten

Die Träger rutschen immer runter, weil sie zu lang sind? Nimm eine hübsche Haarspange und halte sie damit am Rücken zusammen.

WARME BABYHÄNDE

62

Dein Kleines hat beim Schlafen immer kalte Hände? Dann kannst du etwas gegen die eisigen Fingerchen tun: Zieh deinem Baby einfach ein paar Babysöckchen über die Hände.

Kalte Hände sind bei Babys keine Seltenheit. Solange dein Baby im Genick wohlig warm ist, geht es ihm gut.

63 Puppenhaare entwirren

Struppiges und verfilztes Puppenhaar ist ein Graus. Da muss Püppi schnell in den Friseursalon – oder ins heimische Wasserglas.

1 Gib heißes, nicht kochendes Wasser mit etwas Weichspüler in ein Glas und lass die Haare der Puppe etwa 30 Sekunden darin einweichen.

Kämme die nassen Haare kräftig aus, bis alle Knoten draußen und alle Strähnen entwirrt sind. Dabei arbeitest du dich je nach Haarfülle der Puppe partieweise vor. Die frisch frisierten Haare an der Luft trocknen lassen. Bei sehr langen Puppenhaaren tust du dich leichter, indem du immer eine Strähne abtrennst und mit dem Auskämmen an den Spitzen beginnst. Sind die Enden entwirrt, kannst du langsam den Kamm immer weiter oben an der Strähne ansetzen.

❷

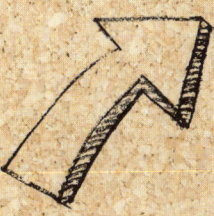

Statt Weichspüler kannst du auch Haar-spülung verwenden.

Alternativ kannst du auch Gallseife ausprobieren.

GRASFLECKEN 64 ENTFERNEN

Gras, Schlamm und Dreck: Kaum kann dein Kind krabbeln, zieren grün-braune Flecken die Knie seiner Hose. Gib etwas Butter auf die Flecken und behandle sie anschließend mit Seife und kochendem Wasser. Für diesen Trick wirst du vor allem bei größeren Kindern dankbar sein, wenn sie mit stark verschmutzten Fußballtrikots heimkommen!

Ab in die Maschine

Kleinteiliges Spielzeug kannst du in der Waschmaschine waschen. Packe die Steine einfach in einen Wäschesack, damit du sie mit einem Griff wieder aus der Maschine herausbekommst. Wenn die Steine in der Waschtrommel zu viel Lärm machen, kannst du noch ein paar Handtücher mitwaschen.

Statt Wäschesack funktioniert auch ein Kissenbezug mit Reißverschluss.

Kneten-
entferner

66

Um Knetmasse aus Textilien abzulösen, hat sich Folgendes bewährt:

Gib einen Eiswürfel in eine kleine Plastiktüte und kühle den Knetfleck, bis er hart wird.

Löse die Knete mit einem Messer ab. Anhaftende Reste kannst du mit einer kleinen Bürste abbürsten. Danach in die Waschmaschine geben.

Etwas leichter zu entfernen ist die sogenannte Softkne- te, die an der Luft trocknet. Einfach die Brösel abrubbeln.

TURBO- 67
TROCKNER

Das Kuscheltier, der Schlafsack oder ein anderes wichtiges Accessoire kommt gerade erst aus der Waschmaschine, wird aber ganz schnell wieder gebraucht? Gib ein trockenes Handtuch mit in den Trockner, das verkürzt die Trocknungszeit enorm.

BILDER-
68 GALERIE

Wohin nur mit all den Bildern? Um die Werke deines kleinen Künstlers in Szene zu setzen, kannst du einfach ein Gardinenseil umfunktionieren und an der Wand anbringen.

Hefte die Gemälde mit kleinen Klammern an, so kannst du die Ausstellung jederzeit verändern.

KUNSTBAND

Um Bilderberge zu vermeiden, kannst du schöne Fotos von den Kunstwerken deiner Kinder machen und ein Fotoalbum damit gestalten.

Abfotografiert leben die Bilder weiter – auch wenn das Original „verloren" geht.

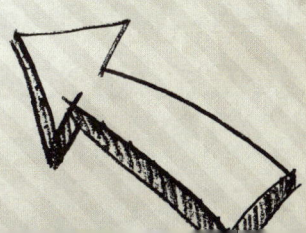

Mit mehreren, schon etwas größeren Kindern, kannst du auch ein Würfelspiel machen: Jedes Kind wirft den Würfel und räumt dann so viele Sachen auf, wie Augen auf dem Würfel sind.

SPIELEND AUFRÄUMEN

70

Es ist Aufräumzeit, und du bist mal wieder die Einzige, die Ordnung in die Wohnung bringt? Mach mit deinem Kind ein Wettrennen gegen die Zeit daraus, indem du die Eieruhr stellst. Wetten, dass bis zum Klingeln die meisten Sachen blitzschnell aufgeräumt sind? (Ansonsten einfach die Stoppuhr noch mal starten!)

Und noch eine praktische Spiel-idee: Lass dir von deinen Kindern beim Wäsche-sortieren helfen. Wer findet die meisten Socken-paare im Wäsche-korb?

PUTZHILFE

71

Kinder, die im Haushalt mithelfen, sind der Traum vieler Eltern. Am bes-ten, du fängst schon ganz früh mit dem Üben an und machst ein Spiel daraus. Klebe ein Quadrat auf den Boden und lass dein Kind mit dem Besen alle Krümel in das Feld kehren.

Schlussstrich

72

Ziehe mit einem bunten Klebestreifen eine Linie unter die Klopapierrolle, die deinen Kleinen anzeigt, wie viel Klopapier wirklich benötigt wird.

So verstehen die Kids, dass sie nicht die halbe Rolle abwickeln und das Klo damit verstopfen müssen.

FACHMÄNNISCH
73

Mach die Organisation von Bauklötzen zum Kinderspiel, indem du die Steine übersichtlich in einer Schuhtasche aufbewahrst.

74
Klackern wie Mama

Klebe mit Heißkleber ein paar Münzen auf die Sohlen, um Flipflops oder Ballerinas in tolle Klackerschuhe zu verwandeln.

Reißverschlüsse sind eine echte Herausforderung für kleine Kinderhände.

Reiß-verschluss-Trick

75

Hänge einen Schlüsselring am Reißverschluss der Kinderjacke ein. Der lässt sich viel besser greifen – und schon kann dein Kind selbst die Jacke auf- und zumachen.

Zeckenkarte 76
selber machen

Schneide einen schmalen, v-förmigen Keil aus einer Plastikkarte heraus, um Zecken sicher entfernen zu können.

Willkommen

Die Karte flach auf der Haut schieben und die Zecke dabei seitlich in den v-förmigen Schlitz führen. Die Karte weiterschieben und dabei die Zecke vom Körper entfernen. Die Karte dient dabei als Hebel.

Schattenplätzchen

77

Dieses schattige Plätzchen im Freien ist garantiert Insektenfrei. Spanne einfach ein Kinderbettuch über das Reisebett.

UPCYCLING-TÄSCHCHEN

Verwandle eine leere Shampoo-Flasche in eine praktische Tasche.

Zeichne mit dem Bleistift die Schnittlinie für die Rückseite mit der Klappe an und schneide die leere Shampooflasche mit dem Cutter oder der Schere an der Linie entlang ein.

Zeichne vorn die Linie mit der Taschenöffnung an und schneide den Rest der Flasche entlang der Linie ab.

3 Bestimme an der Klappe und an der Vorderseite die Position des Druckknopfs, schlage an den Markierungen ein Loch ein und bringe darin den Druckknopf an.

Hier ist Platz für jede Menge Kleinkram: Pflaster, Süßigkeiten, Haarspängchen, Sammelaufkleber, Spielfiguren, Murmeln ...

Windel-Eiskühler

Kinder & Babys

Keine Eistasche parat? Nimm eine Windel, fülle sie mit Wasser und lege sie über Nacht ins Gefrierfach. Am nächsten Tag um Flasche oder Snack wickeln oder einfach als Kühlakku mit zum Proviant geben. Unglaublich, wie lange die Windel die Kälte hält!

Eine kalte Windel ist auch ein super Kühlpad!

Entspannter Essen gehen

Nimm beim nächsten Restaurantbesuch eine Beschäftigungsbox für dein Kind mit. Packe Stifte und Papier oder Seiten aus Ausmalbüchern, Spielzeugautos, kleine Tiere, bunte Spielkarten und Bücher im Pocket-Format in eine Box. Damit kann sich dein Kind einige Zeit allein beschäftigen. Du kannst dir auch kleine Spiele mit den Sachen ausdenken. Verstecke ein Tier hinter deinem Rücken und lass dein Kind raten, in welcher Hand es ist, oder lass einen Gegenstand aus der Box verschwinden und dein Kind muss raten, was fehlt ...

Versteck die Box, wenn ihr zu Hause seid. Umso spannender ist es, wenn sie im Restaurant zum Einsatz kommt.

 **81**

Sandfreie Fußsohlen

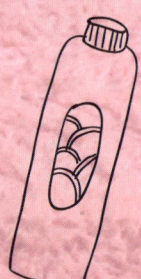

Wenn du Baby- oder Kinderfüße vom Sand befreien willst, reib sie mit etwas Babypuder ein.

Der Puder saugt die Feuchtigkeit auf, und der Sand lässt sich viel einfacher ablösen.

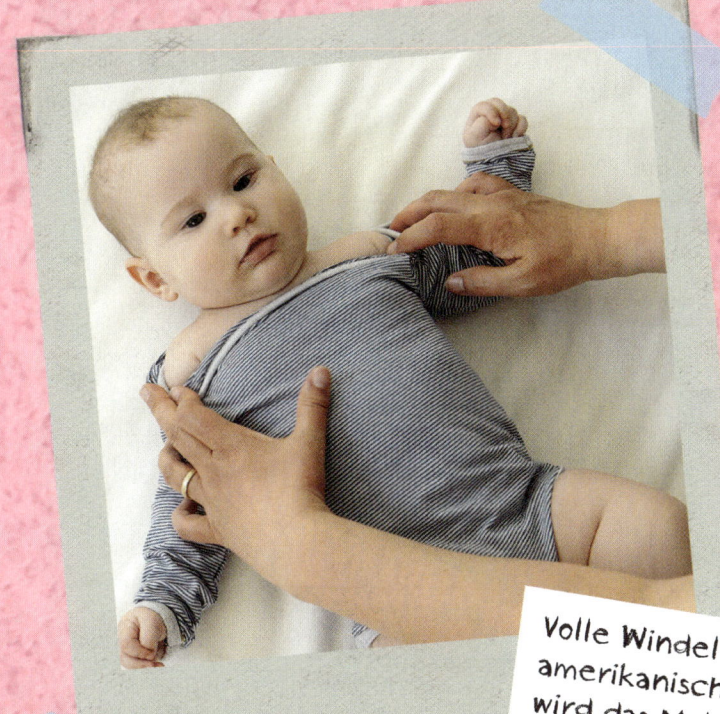

Volle Windel? Mit einem amerikanischen Body wird das Malheur nicht noch größer.

VON OBEN NACH UNTEN 82

Selbst bei der besten Windel läuft mal etwas aus. Bodys mit einem sogenannten amerikanischen Ausschnitt kannst du dann einfach nach unten ausziehen, statt über den Kopf.

Schlauer Packen

Packe nach dem Einkauf immer Gleiches zu Gleichem in die Tasche: Tiefgekühlte und gekühlte Waren in eine Tasche, Obst und Gemüse in eine andere, nicht verderbliche Sachen in eine dritte etc. Wenn du vom Einkaufen zurückkommst und es zu Hause wieder schnell gehen muss, kannst du die Einkäufe nach Dringlichkeit in die Wohnung schaffen. Der Rest kann dann mit gutem Gewissen auf später warten.

Ein Wäschekorb im Kofferraum verhindert nicht nur, dass die Taschen umfallen, mit ihm kannst du auch viele Dinge auf einmal in die Wohnung tragen.

NOTFALL- SCHWIMMWINDEL

Das Wasser wartet, aber du hast die Schwimmwindel vergessen?
Verwandle eine normale Windel in eine Notfall-Schwimmwindel.

1

Schneide die Windel an einem Ende
mit der Schere vorsichtig auf.

2

Nimm die Füllung aus Zellulose und
winzigem Granulat heraus, bis die
Windel ganz leer ist.

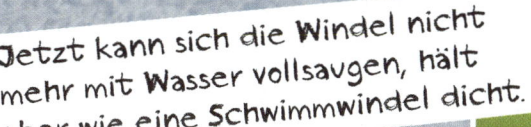

Jetzt kann sich die Windel nicht
mehr mit Wasser vollsaugen, hält
aber wie eine Schwimmwindel dicht.

Seifenblasen- station

85

Kinder & Babys

Baue eine Seifenblasenstation, damit die Seifenblasenflasche nicht immer umfällt oder ausgeschüttet wird. Klebe den Behälter an einem senkrechten Rohr oder Pfeiler fest.

Nimm 200 ml Wasser, 60 ml Babyshampoo und 2–3 EL Sirup (z. B. Holunderblütensirup), um die Station nachzufüllen.

Home-Tipi

86

Hänge ein Leintuch oder einen Bettbezug mit Wäscheklammern an einen Hula-Hoop-Reifen, den du mit einem Seil aufhängst. Darin kann man sich herrlich verstecken.

87

Spielteppich im Handumdrehen

Klebe mit Washi Tape Straßen, Parkplätze und Felder auf einen Teppich,
damit dein Kind mit seinen Spielzeugautos darauf spielen kann.

88 Beschäftigungs-börse

Befülle einen alten Geldbeutel mit Papiergeld, Tierbildern, Stickern, ausgestanzten bunten Papieren, Geschenkband, Pfeifenputzern und anderem Kleinkram. Das Ausräumen der Fächer ist eine spannende Beschäftigung für neugierige Entdecker.

Malen ohne Reue

89

Setze dein Kind mit Stiften in einen großen Karton, den es dann bemalen darf.

ENTDECKER-FLASCHEN

Ein Fest für die Sinne: Befülle leere Halbliterflaschen aus Kunststoff mit bunten Federn, Nudeln oder Wasser und Pompons.

Damit die Deckel sicher verschlossen bleiben, kannst du sie mit Heißkleber verkleben.

HOPP, HOPP, HOPP ...

... Pferdchen lauf Galopp! Aus einer Schwimmnudel kannst du ein tolles Steckenpferd basteln.

1

Leg den Bastelfilz (20 cm x 8 cm) doppelt und schneide die offenen Kanten spitz zu Ohren zu.

Die Ohren etwa 25–30 cm vom oberen Ende entfernt an die Schwimmnudel kleben. Die Nudel an den Ohren nach unten knicken und mit dem Dekoband festbinden.

2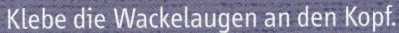

3

Schneide zwischen Dekoband und Ohren einen etwa 2 cm tiefen Schlitz in die Schwimmnudel. Einen 10 cm breiten und entsprechend langen Streifen eines Mikrofasertuchs in gleichmäßigem Abstand einschneiden und als Mähne in den Schlitz kleben.

Klebe die Wackelaugen an den Kopf.

4

92
Wickeln statt Stapeln

So packst du Kinderkleidung optimal ein, um in der Wickeltasche Platz zu sparen.

Lege Body, Pullover, Hose und Co. flach aufeinander und schlage die Ärmel ein. **❶**

❷ Rolle die Kleider fest auf.

3 Stülpe rechts und links eine Socke über die Rolle, um alles fest zusammenzuhalten. Und ab damit in die Wickeltasche!

So hast du die Wechselkleider in der Wickeltasche mit einem Griff parat.

KARTEN-HALTER 93

Wenn die Hände noch zu klein sind, um die Karten auf der Hand zu halten, hilft ein Eierkarton.

Schneide die Vertiefungen mit dem Messer schräg ein und stecke die Spielkarten hinein.

Die vntere Ablage kann avch als Back- ofen benvtzt werden!

Spielküche 94

Verwandle einen simplen Hocker in einen Herd. Male runde Kreise als Herdplatten auf die Sitzfläche, schraube rote Flaschendeckel als Drehknöpfe an und klebe seitlich ein paar Haken für Topflappen, Handtuch und Co. auf. Für die Ablage feste Pappe zuschneiden und auf die Leisten zwischen den Beinen legen.

Geräuschpegel reduzieren 95

Bringe Klebefilm auf den Lautsprechern musizierender
Spielzeuge an, dann ist der Sound leiser.

DECKELRAUPE

96

Eine gute Idee, um Gläschendeckel zu recyceln: Schlage mit Hammer und Nagel Löcher in die Mitte der Deckel und fädle sie auf reißfeste Paketschnur auf. Dabei vor und nach jedem Deckel einen Knoten in die Schnur machen und dicht an den Deckel schieben, damit scharfe Kanten an den Löchern verdeckt werden.

Du kannst die Löcher auch mit einer Nagel-feile etwas glätten.

Schuhe richtig herum anziehen

97

Schneide einen Aufkleber in zwei Hälften und klebe diese in die Schuhe deines Kindes. So erkennt dein Kind leichter, welcher Schuh an welchen Fuß gehört.

Kinderschuhe kaufen

98

Die Shoppingtour im Schuhladen kann schnell eskalieren, wenn dein Kind entdeckt, wie viel Spaß es macht, die Schuhe in den Regalen neu zu sortieren oder in fremden Schuhen herumzuspazieren. Schone deine Nerven, lass dein Kind zu Hause und nimm stattdessen ein Fuß-Double mit.

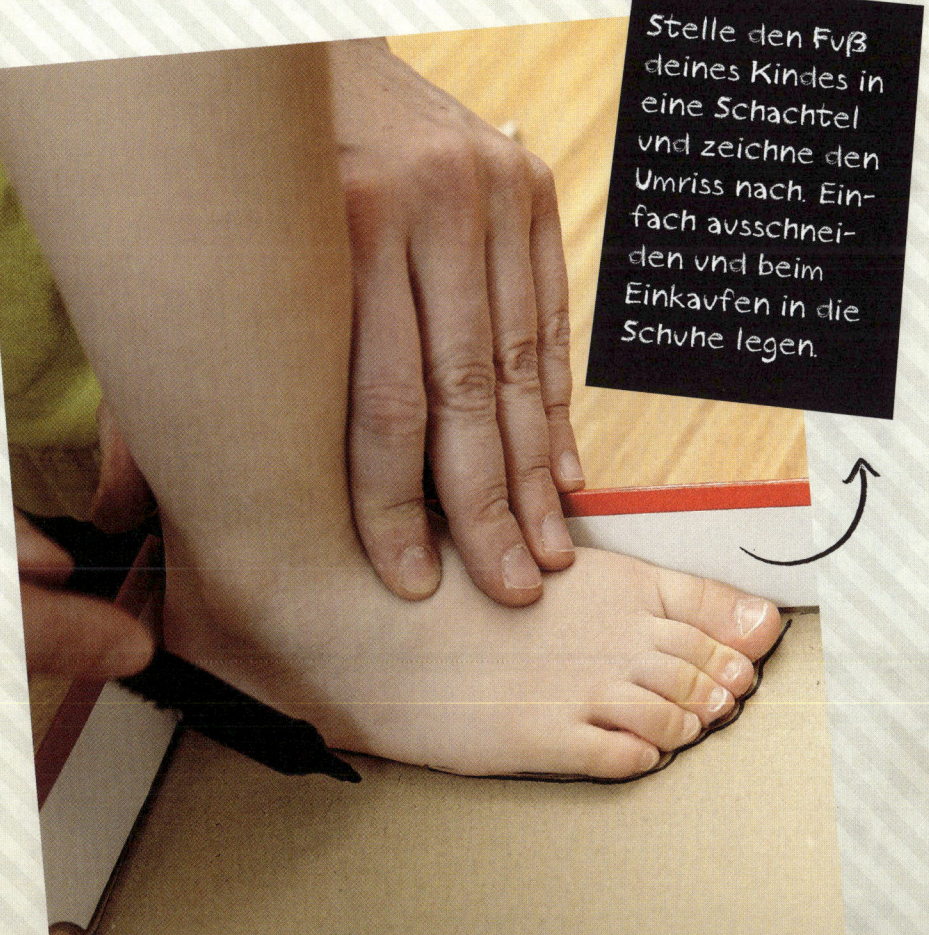

Stelle den Fuß deines Kindes in eine Schachtel und zeichne den Umriss nach. Einfach ausschneiden und beim Einkaufen in die Schuhe legen.

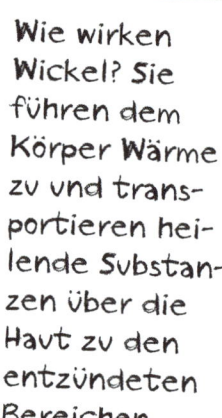

Wie wirken Wickel? Sie führen dem Körper Wärme zu und transportieren heilende Substanzen über die Haut zu den entzündeten Bereichen.

GUT 99 GEWICKELT

Bei Bronchitis greifst du am besten zu einem Quarkwickel, denn die im Quark enthaltenen Milchsäurebakterien wirken schleimlösend und entzündungshemmend. Dazu den Quark auf Körpertemperatur erwärmen, auf die Hälfte eines großen Geschirrtuchs geben, Tuch zusammenklappen und auf die Brust legen. Wenn der Quark zu trocknen beginnt, kannst du ihn abwaschen. Trockne dich ab und decke dich danach gut zu.

Ist der Körper krank, braucht er alle Energie, um gegen Viren und Bakterien kämpfen zu können.

Kopf hoch

100

Eines der wirksamsten Hausmittel bei Grippe und Erkältung ist Ruhe. Dabei solltest du dich gut betten. Lagere deinen Kopf und Oberkörper etwas höher und lege dich auf mehrere Kissen. Dann kannst du besser atmen und schläfst ruhiger.

Lass den Brei vor dem Auftragen abkühlen, damit du dich nicht verbrennst.

101

Heißes Paket

Bei Husten tut ein wohltuendes, wärmendes Kartoffel-Paket gut. Dafür
kochst du 300 g geschälte Kartoffeln. Abgießen und mit einer Gabel
zerdrücken. Brei großzügig auf die eine Hälfte eines Geschirrtuchs
streichen, umschlagen und auf die Brust legen. Umschlag auf der Haut
lassen, bis die Kartoffeln kalt sind.

Die Acerola-Kirsche enthält 40-mal so viel Vitamin C wie eine Orange.

ERKÄLTUNG 102 VERKÜRZEN

Wenn die Erkältung in vollem Gange ist, hilft nur noch eins: Taschentücher raus und durch! Mit der Einnahme von viel Vitamin C kannst du die Erkältung, die in der Regel nach 8–10 Tagen ausgestanden ist, jedoch um 1–2 Tage verkürzen. Der beste Vitamin-C-Lieferant ist die Acerola-Kirsche. Am besten täglich einen Drink aus 250 ml Holunderbeerensaft, 20 ml Acerolasaft und 2 Gewürznelken trinken. 5 Minuten ziehen lassen, Nelken heraussieben.

Gesundheit & Wohlbefinden

Mit einer Nasenspülung kannst du deinen Schnupfen lindern. Zuerst drückst du ½ Zitrone über einem Eierbecher aus. Danach 1 TL Salz hineingeben, bis zum Rand mit Wasser füllen und umrühren. Nun die Flüssigkeit mit einem Strohhalm vorsichtig in die Nase ziehen. Am besten beugst du dich dabei über das Waschbecken und öffnest den Mund, damit das Wasser durch das andere Nasenloch wieder herausfließen kann.

Eine Nasenspülung befeuchtet die Schleimhäute und lindert die Entzündung.

Pack deine Füße nach dem Abtrocknen in warme Kuschelsocken.

104 Wechselbad

Bei Schnupfen hilft ein Fußbad, für das du 2 Wannen benötigst. Zuerst hältst du beide Füße 10 Sekunden lang in 18 Grad kaltes Wasser, danach 5 Minuten lang in 38 Grad warmes Wasser. Ein paar Mal hin und her wechseln und mit kaltem Wasser aufhören.

Gesundheit & Wohlbefinden

ROTES (105) NÄSCHEN

Wer sich oft die Nase putzen muss, wird bald merken, wie die Haut rund um die Nasenlöcher trocken und gereizt wird. Creme deine Nase deswegen immer wieder mit etwas Butter oder Öl ein, denn so bleibt alles schön weich und geschmeidig.

Generell gilt: Unbedingt Taschentücher aus Stoff oder Papier verwenden, statt zu ravem Toilettenpapier oder Küchentüchern zu greifen!

Wer möchte, kaut eine Scheibe der würzigen Knolle pur. Das ist aber nichts für schwache Gemüter!

Allzweck-waffe 106

Ingwer wirkt hervorragend bei Halsschmerzen, Husten und anderen Erkältungssymptomen. Für einen Tee einfach ein 1 cm dickes Stück schälen, zerkleinern und in 500 ml Wasser 30 Minuten lang köcheln.

107 First-Aid-Drink

Wenn du merkst, dass eine Erkältung im Anflug ist, mach dir sofort einen heißen Drink aus einer Tasse Wasser und je 1 TL Honig, Apfelessig und Zitronensaft.

Dieses Power-Getränk stärkt das Immunsystem!

Wichtig: Die ätheri-
schen Öle vorher in
1 EL Honig auflösen,
ca. 8 Tropfen reichen.

108

KRÄUTERBAD

Ein heißes Bad fördert die Durchblutung, wärmt und entspannt –
perfekt, wenn eine fiese Erkältung in deinen Knochen steckt. Gibst du
ätherische Öle wie Eukalyptus oder Pfefferminze hinzu, steigerst du
zusätzlich die Durchblutung deiner Nasen- und Rachenschleimhaut
und stärkst deine Immunabwehr.

Am besten eignet sich schwarzer oder grüner Tee.

HEIß ODER KALT

109

Müde Augen erholen sich sowohl mit einer wärmenden als auch mit einer kühlenden Auflage. Tränke entweder einen Wattepad in warmer Milch und lege ihn für 10 Minuten auf die geschlossenen Augen oder lege einen gekühlten Teebeutel auf.

KEEP COOL

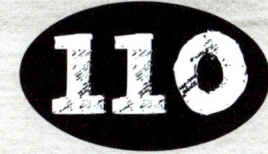

Bei verquollenen oder verheulten Augen hilft Kälte. Damit du jederzeit bestens gewappnet bist, solltest du immer einen Beutel mit gefrorenen Erbsen im Kühlfach haben. Er ist eiskalt und passt sich deiner Gesichtsform an. Wichtig: Beutel in ein Geschirrtuch wickeln, damit er nicht zu kalt ist.

Cool bleiben

Nimm immer denselben Beutel zum Kühlen. Markiere ihn mit einem Streifen Masking Tape oder einem Etikett.

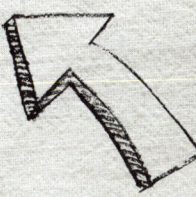

Achtung: Sollte sich die Entzündung im Auge nicht bessern, suche einen Arzt auf.

111

SALBEI-KOMPRESSE

Wenn die Augen jucken, brennen und tränen, liegt meist eine fiese Bindehautentzündung vor, die sogar ansteckend sein kann. Dagegen hilft eine lindernde Salbeiauflage. Bringe dazu 250 ml Wasser zum Kochen und gib 1 EL Salbei dazu. 10 Minuten ziehen lassen und durch ein Sieb gießen. Ist die Flüssigkeit etwas abgekühlt, kannst du ein Geschirrtuch hineintauchen und für 15 Minuten auf die geschlossenen Augen legen.

Kräuter-knabberei

Wenn du Mundgerucht hast oder einen unangenehmen Geschmack im Mund schnell loswerden möchtest, knabbere einfach ein bisschen Dill, Petersilie oder Fenchel. Sie enthalten Wirkstoffe, die Gerüche binden.

Bei Knoblauch-Geruch hilft Milch, denn sie neutralisiert die Schwefel-verbindungen im Atem.

113 DIY-MUNDWASSER

Gesundheit & Wohlbefinden

2 TL Backpulver vermischt mit einem Glas warmem Wasser bringt den Säuregehalt im Mund wieder ins Lot. Einfach mit der Flüssigkeit gurgeln, danach ausspucken und mit reichlich Wasser nachspülen.

Das Backpulver hindert Bakterien an der Produktion unangenehmer Gerüche.

114
Zweckentfremdung

Mundgeruch entsteht durch Fäulnisbakterien, die sich unter anderem auf der Zunge einnisten. Möchtest du dein Geld nicht für einen Zungenputzer ausgeben oder hast gerade keinen zur Hand, kannst du die Beläge auch mit einer gesäuberten Kundenkarte abschaben. Zuvor solltest du deine Zähne aber kontrollieren lassen – Mundgeruch kann auch durch eine Zahnfleischentzündung oder Karies entstehen.

Natürlich solltest du nur eine Kundenkarte verwenden, die du nicht mehr benötigst.

Gesundheit & Wohlbefinden

Erinnerst du dich noch daran, wie früher dein Zahnarzt mit einer Farblösung überprüft hat, ob du auch anständig putzt? Das kannst du auch zu Hause machen! Tunke deine Zahnbürste einfach in etwas Lebensmittelfarbe und verteile sie im gesamten Mund. Ausspucken und mit klarem Wasser nachspülen. Jetzt siehst du, wo der Zahnstein sitzt, und weißt, wo du in Zukunft besser putzen musst, zum Beispiel mit einer Zwischenraumbürste oder Zahnseide.

Käse gegen Zahnstein: Wenn du vor oder nach dem Essen ein Stück Käse gründlich kaust, sorgst du dafür, dass sich die Säuren im Mund binden. Dadurch bildet sich weniger Plaque und das bedeutet: weniger Zahnstein!

Schnelle Erlösung

Gewürznelken sind eine hervorragende Erste-Hilfe-Maßnahme bei quälenden Zahnschmerzen. Einfach sanft auf eine Nelke beißen und sie zwischen die Backe und den betreffenden Zahn klemmen. Das hilft dir, die Zeit bis zum Zahnarzttermin zu überbrücken.

Du kannst auch Nelkenöl auf ein Wattestäbchen geben und auf diesem anschließend vorsichtig herumkauen.

Dicke Lippe

Gesundheit & Wohlbefinden

Bei angeschwollenen Lippen wirkt ein Schwarzteebeutel wahre Wunder. Einfach in warmes Wasser tunken und 5 Minuten lang auf den Mund legen. Dadurch werden die Lippen wieder straff und weich.

Warum gerade Schwarztee? Weil er viele Tannine enthält, die eine entzündungshemmende und somit bei Schwellungen lindernde Wirkung haben.

118

HERPES-HERO

Wenn sich Herpesbläschen ankündigen, solltest du schnell handeln! Befeuchte deine Lippen mit Wasser und gib mit einem Wattestäbchen etwas Natron auf die betroffenen Stellen. Dann kommen die Bläschen gar nicht erst durch.

Die Bläschen sind schon da? Auch dann kannst du Natron auftragen, denn so heilen sie schneller wieder ab.

119

Minz-Badesalz

Ein Bad in Pfefferminzöl hilft nicht nur bei Rückenschmerzen, es wirkt auch belebend und herrlich erfrischend.

1 Gib 8 Tropfen natürliches, ätherisches Minzöl in ein leeres Glas und schwenke es hin und her.

2 Nun 250 g Meersalz und etwas Lebensmittelfarbe in Puderform hinzufügen. Deckel drauf und alles gut durchschütteln.

Salz in kleine Gläser abfüllen. Für ein Vollbad genügen 2–3 EL.

3

Die hübschen Gläser eignen sich hervorragend zum Verschenken!

Von wegen Flohzirkus

120

Flohsamenschalen helfen dabei, eine beanspruchte Darmflora wieder ins Lot zu bringen. Zudem schützen sie vor weiteren Schädigungen. Einfach jeden Morgen 2–3 TL in ein Glas Wasser einrühren und sofort trinken. Danach unbedingt ein weiteres Glas Wasser zu dir nehmen.

Wenn du merkst, dass dir die Flohsamenschalen guttun, kannst du die tägliche Dosis erhöhen.

NIERENBALSAM

Wer anfällig für Nierenprobleme ist, sollte Goldrutentee trinken. Dafür 1 TL des Krauts mit 150 ml heißem Wasser übergießen und 20 Minuten ziehen lassen. Danach abseihen und trinken, am besten täglich 3 Tassen jeweils zwischen den Mahlzeiten.

Goldrute steigert die Leistungsfähigkeit der Nieren, wirkt harntreibend und kann die Austreibung von Nierensteinen fördern.

Gesundheit & Wohlbefinden

SCHLUCKAUF-EINMALEINS

122

Einmal da, kann er ganz schön hartnäckig sein: der Schluckauf. Alles, was dich nun zum Verändern deines Atemrhythmus bringt, hilft. Besonders bewährt haben sich folgende Tricks:

Luft so lange wie möglich anhalten. ❶

❷ Eiswasser trinken.

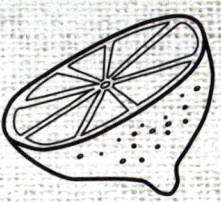

Den Saft einer Zitrone in ein Glas **3** kaltes Wasser gießen und trinken.

4 1 TL Essig schlucken oder – für zartere Gemüter – mit 200 ml Wasser verdünnen und in kleinen Schlucken trinken.

Mit den Fingern einen leichten **5** Druck auf die geschlossenen Augen ausüben.

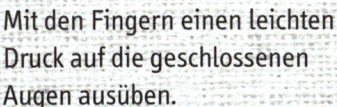

FITMACHER 123

Wenn Magen und Darm aus dem Gleichgewicht geraten sind, hilft eine Haferbrei-Kur. Ersetze am besten eine Woche lang dein Frühstück durch einen Brei aus 4 EL feinen Haferflocken, einer Prise Salz und 2 Tassen Wasser. Mischung unter Rühren zum Kochen bringen und 10 Minuten ziehen lassen. Nach der Kur kannst du den Brei nach Geschmack süßen und würzen, zum Beispiel mit etwas Zucker und Zimt oder Früchten.

Die im Getreide enthaltenen Ballaststoffe regulieren die Verdauung und schützen den Magen.

> Lege eine Wärmflasche zwischen deine Beine. Die Wärme lindert die Schmerzen.

BEEREN FÜR DIE BLASE

124

Eine Blasenentzündung ist für viele Frauen nichts Ungewöhnliches, aber äußerst unangenehm. Meist muss sie mit Antibiotika behandelt werden, doch du kannst den Heilungsprozess unterstützen, indem du begleitend dazu Johannisbeer- oder Cranberrysaft trinkst. Die Wirkstoffe in den Beeren verhindern, dass sich die Bakterien im Blasenbereich festsetzen können.

> Bei einer Blasenentzündung noch wichtiger als sonst: viel trinken! Denn nur so können alle Keime aus dem Körper gespült werden.

Je mehr Flüssig-
keit in deinen
Adern zirkuliert,
desto höher ist
dein Blutdruck.

BLUTDRUCK-
BOOSTER
PER APP

125

Wenn du an niedrigem Blutdruck leidest, solltest du unbedingt genü-
gend trinken. Mit einer Trink-App kannst du deinen Wasser-Konsum
spielerisch überwachen. Einfach auf dem Smartphone installieren –
und Prost!

Schlaganfall-Risiko wegknabbern

126

Schon mit einer Portion kaliumreichen Essens pro Tag kannst du dein Schlaganfallrisiko um die Hälfte senken. Am besten eignet sich dazu eine Handvoll Nüsse, zum Beispiel Studentenfutter.

Wer keine Nüsse mag, knabbert Sonnenblumenkerne.

ANTI-BAD-MOOD 127

Ob leichte Depression, Stress oder Stimmungsschwankungen – Johanniskrauttee ist hier die beste Wahl! Einfach 2 TL frische oder getrocknete Johanniskrautblätter mit kochendem Wasser in einer Tasse übergießen, 10 Minuten ziehen lassen und bis zu 4 Tassen täglich trinken.

Der Tee wirkt stimmungsauf-hellend, vor allem, wenn man ihn über meh-rere Wochen trinkt.

128 Schnelle Eisenzufuhr

Viele von uns leiden unter Eisenmangel, ohne es zu wissen. Wenn du dich also häufig schlapp fühlst, könnte das die Ursache dafür sein. Mit Rotbuschtee kannst du dem Problem schnell und easy entgegenwirken. Der Tee enthält jede Menge Eisen und findet sich in jedem Supermarkt. Einfach nach Packungsanleitung aufgießen und genießen.

Vitamin C verbessert die Aufnahme von Eisen. Wer möchte, kann den Tee mit etwas Zitronen- oder Apfelsaft süßen.

Bei Pickelalarm

129

Wenn du merkst, dass sich ein Pickel anbahnt, gibst du mit einem Wattestäbchen einfach etwas Mundwasser darauf. Dadurch wird die Stelle desinfiziert und der Pickel kommt bestenfalls gar nicht erst zum Vorschein.

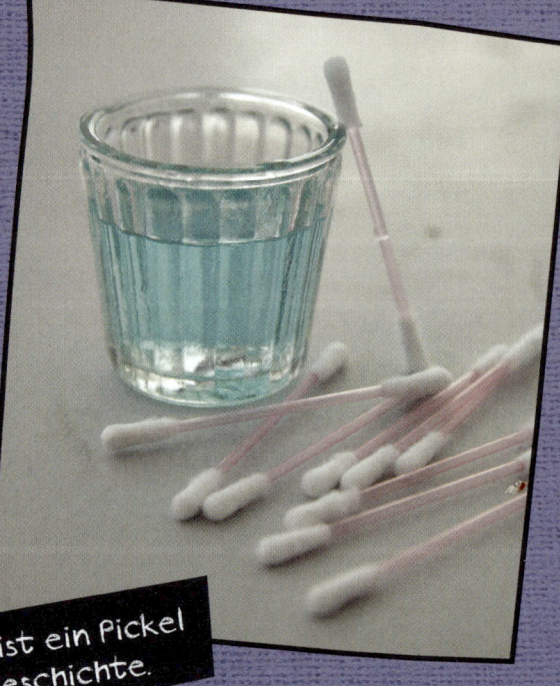

Mit Mundwasser ist ein Pickel schnell wieder Geschichte.

130 HELFENDE HEFE

Eine tägliche Maske aus Hefe und Milch kann einen Pickel schneller austrocknen lassen. ½ Hefewürfel zerbröseln, mit 3 EL warmer Milch vermischen und auf die Haut pinseln. Kurz einwirken lassen und nach 5 Minuten wieder abwaschen.

Hefe wirkt antibakteriell und entzündungshemmend und trägt so zum schnellen Abheilen von Pickeln bei.

SCHLUSS MIT BODYLOTION

131

Mit diesem schnell gemachten Dusch-Peeling sparst du dir das anschließende Eincremen. Nimm ½ Handvoll Meersalz, gib einen Schuss Öl dazu und rubbele damit in der Dusche deinen kompletten Körper ab. Danach wie gewohnt duschen.

Während des Peelens nimmt deine Haut das pflegende Öl auf. So bleibt sie auch nach dem Duschen frisch.

Kaffee gegen Cellulite

Cellulitis rückst du mit diesem alten Trick zu Leibe: Die Hautdellen in der Badewanne oder unter der Dusche mit frischem, noch warmem Kaffeepulver einreiben und mit Frischhaltefolie einwickeln. Danach mit einem Nudelholz oder einer kleinen Flasche darüber rollen. Den Kaffeesatz 10 Minuten einwirken lassen, anschließend mit warmem Wasser abspülen.

Auch im Gesicht wirkt Kaffee prima, nämlich als Peeling.

Scharfes Bad 133

Müde Füße? Dann gönne dir ein prickelndes Senfbad. Dazu einfach 2 EL Senfpulver in eine Wanne mit warmem Wasser geben. Füße rein und 10 Minuten relaxen. Danach mit klarem Wasser abspülen und warme Kuschelsocken anziehen. Schwangere sollten auf dieses Fußbad verzichten.

Nach einem langen Tag wirkt ein Senfbad belebend und durchblutungsfördernd.

ENTSÄUERUNGS-BAD 134

Mit diesem entspannenden Fußbad hilfst du deinem Körper beim Entsäuern. Dazu eine Fußwanne mit warmem Wasser füllen und 2 EL Natron hinzugeben. 45–60 Minuten darin entspannen – nicht kürzer, denn die Entsäuerung beginnt erst nach 30 Minuten.

Tipps für die Pflege nach dem Rasieren findest du rechts.

SPAR-TIPP 135

Möchtest du kein Geld für teuren Rasierschaum ausgeben, verwendest du ab jetzt einfach deine Haarspülung. Einmassieren, rasieren, abspülen – fertig.

ÖL GEHT IMMER

Öl lässt sich nicht nur in der Küche vielseitig einsetzen, sondern auch bei der Körperpflege. Reibe nach dem Rasieren deine Beine mit etwas Olivenöl ein – und eingewachsene Härchen sind passé. Das gilt auch für die Bikinizone.

Quält dich nach dem Rasieren ein schmerzhafter Rasurbrand, kannst du einen feuchten Schwarzteebeutel auf die gereizte Stelle legen. Das im Tee enthaltene Tannin beruhigt.

Die Gelatine
umhüllt jedes
einzelne Haar
mit einem feinen
Film. Dadurch
wird es glatter
und dicker.

Volumen-Wunder 137

Wenn du Gelatine in dein Shampoo gibst, wird dein Haar auf wundersame Weise voller. Lass die Gelatine zuerst in kaltem Wasser quellen und löse sie danach in heißem Wasser auf. Für 2 g Gelatine brauchst du ungefähr 100 ml Wasser. Noch warme Gelatine in die Shampoo-Flasche geben.

Von wegen Babykram

Hast du keine Möglichkeit, deine Haare zu waschen, kannst du auch etwas Babypuder ins Haar einarbeiten. 10 Minuten einwirken lassen und ausbürsten.

Das Puder absorbiert Fett und lässt dein Haar wie frisch gewaschen aussehen.

BLASEN-SCHUTZ

Gesundheit & Wohlbefinden

Die neuen Schuhe sehen zwar toll aus, müssen aber erst eingelaufen werden? Dann heißt es: Augen zu und durch! Vorbeugend
kannst du aber die gefährdeten Stellen an deinen Füßen mit Vaseline einreiben. So können fiese Blasen gar nicht erst entstehen.

Alternativ kannst
du auch mit ei-
nem Deo-Stick die
Stellen im Schuh
einstreichen, an
denen der Schuh
reibt.

Vaseline

Vaseline

pure petroleum jelly
original

Nach dem City-Trip

Wenn du tagsüber lange Strecken zurücklegen musstest und abends deine Füße schmerzen, kannst du sie mit Erkältungsbalsam einreiben. Socken darüber ziehen und ab ins Bett. Du wirst sehen: Am nächsten Morgen sind deine Füße frisch und bereit für die nächste Tour.

Nicht umsonst heißt es ErkältungsBALSAM: Er belebt nicht nur deine Füße, sondern macht sie auch schön weich.

Schneller Aufheller 141

Mit einem Backpulverbad kannst du gelbliche Nägel ganz natürlich aufhellen. Dafür 3 EL Backpulver in 100 ml warmem Wasser auflösen und die Fingerspitzen 15 Minuten lang darin baden. Danach behutsam mit einer Bürste reinigen.

Auch gut: ein fünfminütiges Bad in 2 Gebissreiniger-Tabletten.

Toller Nebeneffekt:
Durch den Balsam bekom-
men deine Nägel einen
tollen Glanz.

142

Nagelbalsam

Trockene Nagelhaut pflegst du mit etwas Lippenbalsam oder
Halbfettmargarine. Einfach auftragen und einmassieren.

143

Pflegewunder Kokosöl

Raue Hautstellen werden mit Kokosöl wieder streichelweich. Dezenter Kokosduft inklusive.

Kokosöl hilft aufgrund seiner antibakteriellen Wirkung auch gegen unreine Haut!

Und übrigens auch bei Schuppen. Massiere es in deine Kopfhaut ein, warte mindestens 30 Minuten und wasche dann deine Haare.

Zitronen-ellenbogen

Sauer macht zart: Raue Ellenbogen kannst du ab und zu in einer ausgepressten Zitronenhälfte reiben. Die Fruchtsäure weicht die Hornhaut auf. Danach gut eincremen.

Das funktioniert auch bei der Hornhaut an deinen Füße.

Daverduft

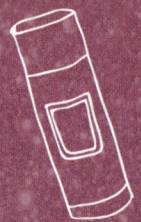

Parfüm solltest du vor allem dort auftragen, wo das Blut pulsiert und die Haut besonders gut durchblutet ist. Hier duftet Parfüm extra lange:

Schläfen

Ohrläppchen

Halsseiten

Handgelenke
(bei den Pulsadern)

Ellenbeugen

Kniekehlen

Parfüm kühl und dunkel lagern – optimal ist der Kühlschrank!

Auf fettigerer Haut hält sich Duft länger als auf trockener. Das kannst du dir zunutze machen: Trage vor dem Parfüm etwas parfümfreie Creme auf. Auch frisch gewaschene Haare sind ein guter Duftträger. Die parfümierte Stelle nicht reiben, das zerstört die Duftmoleküle.

Gurken- gesichtsspray

Sommerliche Hitze, kaum ein Lüftchen weht ... Abkühlung gefällig? Lege ein paar Schnitze einer Salatgurke in ein Glas Wasser und lasse es im Kühlschrank mindestens 1 Stunde ziehen. Die Gurke herausfischen und das Wasser in eine kleine Sprühflasche abfüllen – fertig ist das Gesichtsspray. Immer nur kleine Portionen „Turbogurke" zubereiten und spätestens am nächsten Tag verbrauchen. Prima to go!

146

Als Variante kannst du die Gurke auch in kaltem dünnem Grüntee ziehen lassen. Hier musst du allerdings aufpassen, dass der Tee nicht zu dunkel wird, damit das Spray bei Kontakt mit deiner Kleidung nicht färbt.

147

Das Bier vorher unbedingt erwärmen: entweder die Flasche auf die Heizung stellen oder ins Wasserbad.

PROST!

Bitte ein Bier! ... nein, nicht zum Trinken, sondern als Haarfestiger. Einfach nach der Haarwäsche ins handtuchtrockene Haar geben und nicht wieder ausspülen. Der Geruch verfliegt, es bleiben Festigkeit und Glanz.

SPLISSSCHNITT

148

So erwischst du (fast) jede spröde Spitze: Die trockenen Haare partienweise drehen und einmal sanft gegen den Strich streichen. Die abstehenden Haarspitzen abschneiden.

Spaß macht das zusammen mit einer Freundin – wie in Teenager-Tagen!

Splitter

149 entfernen

Gesundheit & Wohlbefinden

Splitter lassen sich mit Backpulver leichter aus der Haut entfernen. Vermische etwas Backpulver mit Wasser und lass die Paste ein paar Minuten auf der betroffenen Stelle einwirken. Splitter entfernen und Pflaster drauf.

Das Pulver zieht den Splitter heraus, sodass du ihn leichter entfernen kannst.

Entferne das Etikett, damit du Platz auf der Flasche hast.

Alle 80 Min!
24.06.: 10⁰⁰; 11³⁰;
13⁰⁰; 14³⁰;
25.06.: 11; 12²⁰;

'150

Eincremen nicht vergessen!

Hautärzte empfehlen, den Sonnenschutz alle 80 Minuten aufzufrischen. Damit du nicht ständig Kopfrechnen musst, hilft dir der Sonnencreme-Reminder auf der Flasche. Notiere dir mit einem wasserfesten Marker auf der Rückseite die Zeiten, wann du nachcremen musst.

Erste-Hilfe-Saft

151

Kratzen im Hals und laufende Nase? Dann wird es Zeit für einen selbst gemachten Anti-Erkältungssaft, der dich im Handumdrehen wieder aufpäppelt.

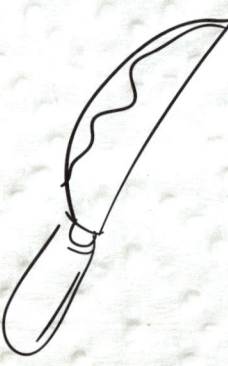

1 Reibe zuerst eine mittelgroße Ingwerknolle.

2 Danach eine Knoblauchzehe hacken.

3 Ingwer und Knoblauch mischen und den Saft von ½ Zitrone unterrühren.

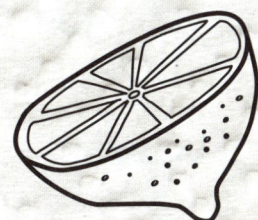

4 Masse mit 250 g Flüssighonig in ein Einmachglas oder eine leere Dressing-Flasche geben.

Klingen die Symptome ab, genügen 1–2 EL pro Tag.

5 Saft über Nacht ruhen lassen; danach dreimal täglich 1 EL einnehmen.

Essen & Trinken

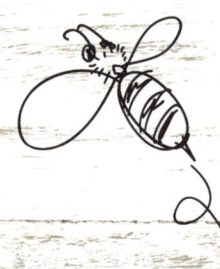

Gurken werden neben Tomaten schnell runzelig.

KEINE GUTEN NACHBARN

152

Bewahre Tomaten nicht neben Gurken auf. Tomaten strömen Ethylen aus, welches die Reifung von anderem Gemüse und Obst vorantreibt.

153 TOMATEN NACHREIFEN

Pflücke grüngelbe oder orangefarbene Früchte am Saisonende ab und hole sie ins Zimmer. Sie werden in den kommenden Tagen noch nachreifen.

Iss keine unreifen Tomaten! Sie besitzen einen leicht giftigen Inhaltsstoff, der Übelkeit auslösen kann.

Walnüsse knacken

154

Schwer zu knackende Walnüsse wandern für mindestens eine Stunde in den Gefrierschrank. Danach lassen sie sich leichter öffnen.

Ist mal kein Nussknacker zur Hand, kannst du zwei Nüsse in einer Hand gegeneinanderpressen. Eine der Nussschalen wird knacken.

155

Spargel frisch halten

Spargel hält sich bis zu zwei Wochen im Kühlschrank, wenn du die Enden frisch anschneidest und die Stängel in ein Glas mit zwei Finger hoch Wasser stellst. Am besten noch eine Gefriertüte darüberziehen, damit die Spargelköpfe nicht austrocknen und das Gemüse keine Fremdgerüche annimmt.

Nimm ein hohes, schweres Gefäß, damit der Spargel nicht kopflastig wird und umkippt.

156 Kuchen schneiden

Kuchen, weicher Käse und viele andere Lebensmittel lassen sich mit Zahnseide schneiden. Achte beim Kauf darauf, eine Zahnseide ohne Menthol oder andere Aromen zu wählen.

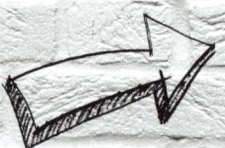

Festes Garn oder Angelsehne funktionieren ebenfalls.

⬤157 TRÄNENFREI

Kaugummikauen verhindert Tränen beim
Zwiebelschneiden.

Kein Kaugummi zur Hand?
Dann probiere es mit
einem Schluck Wasser im
Mund.

158

Genug trinken

Markiere transparente Trinkflaschen mit Uhrzeiten, dann kannst du einfach prüfen, ob du genug Wasser zu dir nimmst.

Regelmäßige Wasserzufuhr schützt besser vor Erschöpfung als so mancher Kaffee.

9 Uhr

12 Uhr

15 Uhr

18 Uhr

Bis in die Ecken

Mit zwei halbierten Wurstscheiben lässt sich eine quadratische Scheibe Toast gleichmäßig belegen.

So gelingt beim Abend-brot die Quadratur des Kreises.

Essen & Trinken

160 Überkochen verboten!

Ein Kochlöffel quer über den Topf gelegt verhindert das Überkochen.

Die Herdplatte kleiner stellen hilft, zusätzlich Energie zu sparen.

Mikrowellen-Pizza

161

Ein Glas Wasser in der Mikrowelle verhindert, dass Pizzastücke beim Aufwärmen zäh werden.

Ist die Pizza aufgegessen, kannst du mit dem Wasserglas gleich noch die Mikrowelle reinigen. Der Dampf weicht angetrocknete Reste auf.

Schnappschuss

Keine Zeit, noch einen Einkaufszettel zu schreiben?
Mach schnell ein Foto vom Kühlschrankinhalt!

Im Laden kannst du dann nachschaven, was im Kühl- schrank fehlt.

Prima: Mehr Platz auf der Arbeitsfläche und das Buch wird nicht bekleckert!

163
REZEPTEBÜGEL

Ein Hosenbügel am Küchenschrank hält das Kochbuch
oder Rezeptheft auf Augenhöhe.

Diese Butterflocken lassen sich auch leichter in Teig oder Soßen verteilen.

164 Streichzarte Butter

Harte Butter aus dem Kühlschrank lässt sich mit einer Küchenreibe in leicht verstreichbare Flocken verwandeln.

165 Reste-Essen für zwei

Zwei Essschalen kannst du gleichzeitig in einer kleinen Mikrowelle erwärmen, wenn du eine der beiden Schalen auf eine Tasse stellst.

Pass auf, dass die obere Schale seitlich nicht anstößt und so beim Drehen des Mikrowellentellers herunterfällt.

166
BANANE MAL ANDERS

Bananen kann man am stumpfen Ende viel einfacher öffnen als am Stielende. Das Ende leicht zusammendrücken und die Schalen auseinanderziehen.

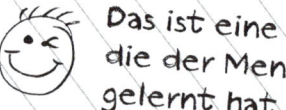

Das ist eine Fertigkeit, die der Mensch vom Affen gelernt hat.

Und nun: Guten Appetit! Oder wie man in China sagt: Iss langsam!

167
ESSSTÄBCHEN FÜR UNGEÜBTE

Vor dem Besuch beim Asiaten ein Gummiband einstecken.
Dieses eng um das obere Ende der Essstäbchen wickeln. Stecke
noch ein Stück der Verpackung straff aufgerollt dicht am Gummiband zwischen die Stäbchen - fertig sind die halbautomatischen
Essstäbchen.

168 schnelle Ofenkartoffeln

Kartoffeln werden schneller gar, wenn du sie zuerst 3–4 Minuten in die Mikrowelle und anschließend 20 Minuten in den Backofen gibst.

Achte darauf, Kartoffeln ähnlicher Größe zu nehmen, da die Garzeit sonst zu sehr variiert.

Pellkartoffeln abschrecken

Pellkartoffeln lassen sich leichter pellen, wenn du sie nach dem Kochen kurz in eiskaltem Wasser abschreckst.

Etwas Öl im Kochwasser erleichtert auch das anschließende Pellen.

Deko-Asse stechen hübsche Formen mit Metallaus-stechformen aus.

170 HAUCHZARTES GEMÜSE

Dünne Gemüsestreifen kannst du
mit einem Sparschäler herstellen.

Mit den gleichmäßig dünnen Scheiben kannst du ein eindrucksvolles Obstmosaik auf den Teller zaubern.

Schnell geschnitten 171

Weiches Obst oder gekochtes Gemüse lässt sich mit einem Eierschneider in gleichmäßige Scheiben schneiden.

Essen & Trinken

172
Zitronensaft-Spritze

Die Zitrone ein paar Mal fest mit der Handfläche auf dem Tisch hin und her rollen, damit sie gut saftet. Anschließend mit einer Nadel oder einer Messerspitze ein Loch hineinstechen. So lässt sich schnell ein Spritzer Saft entnehmen.

Durch das Rollen auf dem Tisch platzen die Zellen in der Zitrone und sie gibt mehr Saft frei. Die Zitrone nach dem Anstechen kühl lagern und innerhalb weniger Tage verbrauchen.

173
KIWI SCHÄLEN

Kiwis lassen sich ganz einfach mit dem Löffel schälen:
Einfach die Stielenden der Kiwi abschneiden und mit der
Löffelkelle rundherum innen an der Schale entlangschaben.

Kiwis enthalten mehr Vitamin C
als Orangen und zählen zu den
gesündesten Früchten überhaupt.

174

Löffelsperre

Eine Wäscheklammer am Stiel eines Holzlöffels verhindert, dass er in den Topf oder die Pfanne rutscht. Einfach die Klammer am Rand einhängen.

Wir empfehlen die Verwendung einer Holzklammer.

Die Schnittflächen liegen eng aufeinander und der Apfel wird langsamer braun.

Frische Apfel-Schnitze

Ein in Achtel geschnittener Apfel bleibt frisch und saftig, wenn du ihn wieder zusammensetzt und mit einem Gummiband zusammenhältst.

LÄNGER HALTBAR

Der Reifeprozess von Bananen lässt sich verlangsamen, indem du die Stiele fest mit Klarsichtfolie umwickelst.

Bananen und Äpfel nicht zusammen lagern, da die Äpfel Ethylen freisetzen, welches die Bananen schneller braun werden lässt.

Feinschmecker geben noch etwas Kakaopulver und/oder Vanille-Eis dazu.

177 Instant-Eiskaffee

Abgekühlten Kaffee in eine Eiswürfelform geben und einfrieren. 5–7 Kaffee-Eiswürfel mit Milch anrühren. Fertig ist der Eiskaffee.

178

Kleckerfrei ausgießen

Getränke aus dem Karton lassen sich leichter gießen, wenn die Ausgießöffnung oben ist.

So kann die Luft besser in den Getränkekarton gelangen und die Flüssigkeit blubbert nicht unkontrolliert heraus.

Ein halber Liter Wasser entspricht 500 Gramm.

179 Bügelwaage

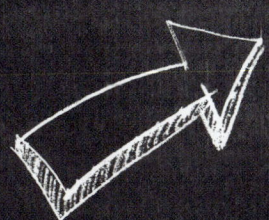

Mit einem Kleiderbügel, Plastikbeuteln und einer mit Wasser gefüllten Flasche kannst du eine einfache Waage improvisieren.

ROLLEN UND SCHNEIDEN

Mit einem Pizzaschneider lassen sich Kräuter klein schneiden.

Wer Spaß am Rollen gefunden hat, kann so auch noch etwas Schinken oder Speck zerkleinern und sich ein leckeres Rührei machen.

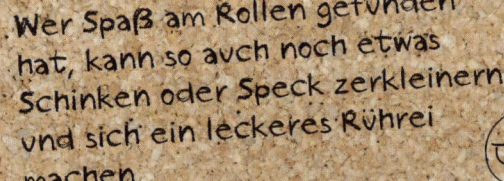

Auch eine der Eier-schalen-Hälften kann statt der Finger zum Herausheben des Schalenstücks verwendet werden.

181

Eierschale raus!

Eierschale in einem aufgeschlagenen Ei lässt sich leichter entfernen, wenn du zuvor die Finger anfeuchtest.

182 KNUSPERFRISCHE BRÖTCHEN

Brötchen vom Vortag werden wieder knusprig und frisch, wenn du sie mit etwas Wasser befeuchtest und anschließend im Backofen noch einmal aufbackst.

Harte Brötchen lassen sich in einer Küchenmaschine immer noch zu Paniermehl verarbeiten.

183 Ingwer schälen

Verwende für das Schälen von Ingwer einen Tee- oder Esslöffel mit relativ scharfer Kante. Mit diesem kannst du die Ingwerschale leicht abschaben und kommst auch in die engen Verästelungen.

Dies funktioniert besonders gut bei frischem Ingwer mit dünner, nicht holziger Schale.

184 ORANGEN SCHÄLEN

1. Schneide die Schale der Orange am oberen und unteren Ende so ab, dass du gerade das Fruchtfleisch sehen kannst.

2. Anschließend schneide die Orange quer dazu bis zur Mitte ein.

3. Wenn du nun die
Orange am letzten
Schnitt auseinander-
brichst ...

4. ... erhältst du einen
Streifen, auf dem die
einzelnen Fruchtstücke
sitzen.

Der Trick funktioniert
auch mit Mandarinen.

Achte darauf, dass du lebensmittelechte Sprühköpfe oder Sprayflaschen verwendest.

185
Gewürzspray

Bringe einen Sprühkopf auf Flaschen mit Essig, Öl oder dünnflüssigen Würzsoßen an oder fülle sie in Sprayflaschen um, um Speisen gleichmäßig würzen zu können.

Briefumschlag-Trichter 186

Ein diagonal zerschnittener Umschlag mit abgeschnittener Ecke ergibt einen praktischen Trichter für trockene Sachen.

Für Flüssigkeiten kannst du die Ecke eines Gefrierbeutels abschneiden.

187 SALAT PUTZEN

Salat und Spinat lassen sich in Salzwasser leichter putzen und bleiben in der Salzlake länger knackig.

Vor dem Servieren unter fließendem Wasser, z.B. in einem Nudelsieb, kurz abspülen.

188 Entsafter

Halbiere eine Zitrone und drücke sie zwischen den Griffen einer Grillzange aus, um auch den letzten Saft herauszubekommen.

Wenn du beim Auspressen den Zitronensaft durch eine Käsereibe laufen lässt, werden gleich noch die Kerne mit aufgefangen.

HERZSCHLAG

189

1

Der Strunk eines Eisberg-salatkopfes lässt sich einfach entfernen, indem du den Salatkopf kräftig mit dem Stielansatz nach unten auf die Arbeitsplatte schlägst.

2

Der Strunk bricht dabei heraus und kann heraus-gezogen werden.

190
ENTSALZUNG

Gib Kartoffelwürfel in eine versalzene Suppe oder ein versalzenes Schmorgericht und lasse sie mitkochen. Die Kartoffelstücke binden überschüssiges Salz.

Anschließend kannst du die Stücke einfach mit Gabel oder Löffel herausfischen.

191
Paprika flink entkernen

1. Schneide die obere und untere Seite der Paprika ab.

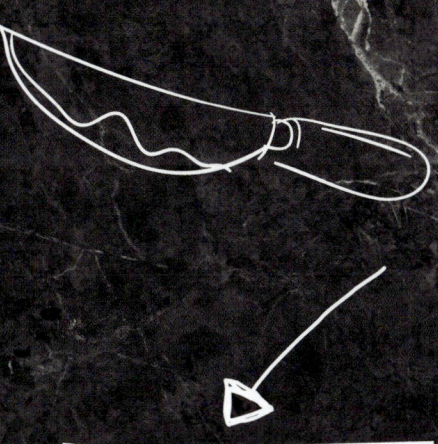

2. Anschließend schneide die Paprika seitlich ein und im Inneren einmal um das Kerngehäuse herum.

Die Paprikastücke an der oberen Seite lassen sich einfach vom Stängel abbrechen und ebenso verwerten.

3. Übrig bleibt eine sauber entkernte Paprika.

Fettspritzer ade!

Gib vor dem Braten etwas Salz in die Pfanne. So vermeidest du Fettspritzer.

Wenn du Fleisch vor dem Anbraten mit einem Küchentuch abtupfst, kannst du auch Fettspritzer vermeiden.

193 Knoblauch schälen

Wenn du viel Knoblauch schälen musst, fülle die einzelnen Zehen in ein verschließbares Gefäß und schüttle es kräftig. Die Schalen lösen sich ab.

Unserer Erfahrung nach schmeckt Knoblauch aromatischer und weniger bitter, wenn du ihn mit einem Messer hackst, anstatt ihn durch eine Presse zu drücken.

194 Salzhähnchen

Lege Geflügelfleisch vor dem Zubereiten über Nacht in 10-prozentige Salzlake ein. Das Fleisch wird dadurch aromatischer und saftiger.

Damit die Salzlake das Fleisch gut umschließt, verwende einen Zipper-Beutel.

195 Pilze putzen

Die Erdreste an Champignons und anderen Pilzen kannst
du sehr gut mit einem Malerpinsel entfernen.

Pilze solltest du nicht mit Wasser
abspülen, weil sie sich sonst vollsaugen.

196
GÖTTERHAPPEN

Halbiere eine Orange und entferne das Fruchtfleisch. Koche Götterspeise und lass sie etwas abkühlen, bevor du sie bis zur Oberkante in die Hälften füllst. Im Kühlschrank aushärten lassen. Nun kannst du die Orangenhälften in Spalten schneiden und erhältst tragbare Götterspeise-Portionen.

Essen & Trinken

Erwachsene können
Wackelpudding-Orangen
mit Schuss machen:
Einfach einen Teil
Wasser durch Wodka
ersetzen.

Urlaub und Reisen

197 1, 2, 3 – T-SHIRT-FALTEREI!

So faltest du dein T-Shirt blitzschnell:

Lege das Shirt glatt gestrichen vor dich hin. Fasse es mit der rechten Hand an der oberen Schulter und mit der linken Hand auf Achselhöhe an. Orientiere dich dabei an der Brustlinie, die von Ärmel zu Ärmel führt.

1

Halte mit der rechten Hand die Schulter fest und greife damit zusätzlich zum Saum.

2

Dann hebst du das T-Shirt in die Höhe. Vorsichtig geradeschütteln.

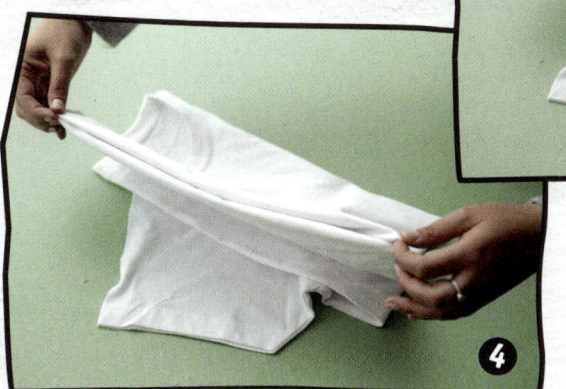

Beim Hinlegen klappst du den vorderen Teil über den hinteren Teil.

Schwups, schon fertig gefaltet!

Leichter geht's, wenn du das T-Shirt so vor dich hinlegst, dass der Halsausschnitt zu deiner Rechten liegt und du mit der rechten Hand die obere Schulter greifen kannst.

198
Tüten-Dreieck

Ob für Snacks, Souvenirs, Schmutzwäsche oder Schuhe – Tüten sind auf Reisen geschickte Verstauungshelfer. Zusammengefaltet zu Mini-Dreiecken, passen ganz viele auch noch in die kleinste Tasche.

Tüte glatt streichen und in 10 cm breite Bahnen falten.

Das Tütenende zu einem Dreieck nach oben falten, dann als Dreieck zur Seite schlagen und wieder als Dreieck nach oben falten, und so weiter …

Urlaub & Reisen

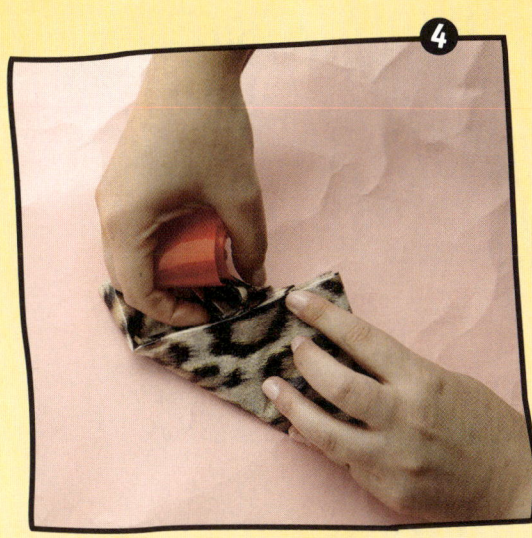

... bis nur noch ein Stück übrig bleibt.

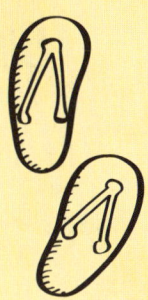

Den letzten Zipfel zum Dreieck falten und in die Lasche stecken.

Fertig ist das Tütendreieck.

Diese Falttechnik funktioniert auch mit Stofftüten!

199 Kleines kleiner machen

Auch Badeanzüge und Bikinis kannst du zu kleinen Bündeln falten. Diese Technik stammt von Marie Kondo, der japanischen Ordnungs-Queen. In Sekundenschnelle bringt sie Ordnung ins Leben – und in deinen Koffer!

Beim Höschen rechts und links vom Schritt alles zur Mitte schlagen, dann alles zwei Mal von unten nach oben falten. Die Körbchen vom Oberteil legst du ineinander, die Wölbungen werden von den Trägern ausgestopft.

Bei einem Tankini werden die Körbchen nach vorne geklappt und die Träger hinein gelegt. Jetzt ein Drittel von rechts und links zur Mitte einschlagen und wie beim Höschen zwei Mal von unten nach oben falten. Voilà!

Bikini-Oberteile mit Körbchen kannst du platzsparend ineinander legen, aber bitte nicht die wattierten Schalen umstülpen!

Zerbrechliches, zum Beispiel Deo-
oder Parfümflaschen, kann in wattierten BHs sicher verwahrt werden.

Husch, husch ins Körbchen! 200

Damit die Reisestrapazen keine Spuren am BH hinterlassen, solltest du Vorkehrungen treffen: Beim Packen die Körbchen mit Socken ausstopfen, das hält sie in Form und die Socken sind zugleich platzsparend verstaut.

Wie frisch gewaschen!

Beim Aufmachen des Koffers schlägt dir eine muffelige Wolke entgegen? Das muss nicht sein: Lege ein Trocknertuch zwischen die Klamotten, so riechen sie auch unterwegs noch lange frisch.

Ein Seifenstück, zum Beispiel aus dem Hotelbadezimmer, ist eine Alternative zum Trocknertuch; einfach in der geöffneten Originalpappschachtel in den Koffer legen.

Freund-schaftsdienst

Wenn du mit Freunden verreist, teilt eure Sachen jeweils auf mehrere Koffer auf: Sollte ein Koffer verspätet ankommen, hat am Urlaubsort jeder trotzdem ein paar Klamotten.

Damit dabei keine Verwechslungen passieren, kennzeichnet eure Sachen jeweils mit einem Band, einer Wäscheklammer oder einem Haargummi in verschiedenen Farben.

Make-up-Ränder entfernen 203

An deinem Blusenkragen hat sich schon wieder ein Make-up-Rand gebildet? Nicht verzweifeln! Rasierschaum auspacken, draufgeben, einwirken lassen und die unliebsamen Flecken so entfernen. Funktioniert ohne Waschen!

Alternativ auf ein feuchtes Tuch einen Tropfen Flüssigseife geben und den Fleck damit vorsichtig wegrubbeln.

Wenn gar nichts hilft, kannst du den fleckigen Kragen immer noch mit einem Schal oder einem Halstuch kaschieren.

GUT IN FORM

204

Damit Blusen- und Hemdkragen während der Reise schön in Form bleiben, brauchst du den Halsausschnitt nur mit einem Gürtel auszustopfen. Ideal sind dafür breitere Gürtel.

Das Gürtelende mit den Löchern kannst du unterwegs als Schuhlöffelersatz verwenden: Einfach in den Schuh legen und mit der Ferse darüber reingleiten.

205 Schlaf-Hoodie

Einen Kapuzenpulli und ein aufblasbares Nackenkissen kannst du zu einem bequemen Schlaf-Hoodie für die Autofahrt kombinieren. Das ist zum einen superbequem und verschafft zum anderen ein wenig Privatsphäre.

Du benötigst einen Hoodie, ein aufblasbares Nacken- kissen und doppelseitiges Klebeband.

Die Kapuze flach auf den Tisch legen und ein doppel- seitiges Klebeband darauf fixieren.

3

Auf dem Klebeband nun das Nacken-kissen fixieren.

4

Das Nackenkissen aufblasen und die Kapuze aufsetzen.

Wenn dein Nackenkissen einen Stoffüberzug hat, kannst du diesen mit Sicherheitsnadeln an der Kapuze feststecken, statt Klebeband zu verwenden.

206
TÜTEN-HALTER

Stecke dein Tablet in eine durchsichtige Tüte und fixiere diese
am Vordersitz des Autos: entweder zwischen Kopfstütze und Sitz
klemmen oder mit zwei Kabelbindern fest schnallen. Und schon
kannst du als Beifahrer deinen Film genießen, ohne dabei das
Tablet halten zu müssen.

Geht auch im Flugzeug: einfach die Tüte zwischen
Vordersitz und Klapptisch einklemmen.

207 Ungestörte Nachtruhe

Licht stört beim Einschlafen, da hilft auch kein Schäfchenzählen mehr. Deshalb im Flugzeug oder im Zug eine Schlafmaske aufsetzen oder einen Schal um die Augen binden.

Die Nase sollte dabei immer frei bleiben!

208

Den Dreh raus!

Urlaub & Reisen

Pause auf der Autobahnraststätte, und die doofe Flasche mit dem Drehverschluss will nicht aufgehen? Lege die Flasche für ein paar Minütchen in die Kühltasche oder lasse kaltes Wasser drüber laufen. Der Verschluss lässt sich dann leichter öffnen.

Wenn auch das nicht hilft, muss ein Nussknacker oder eine Zange her.

Das Loch nur in den zusammen-geschweißten Tubenrand bohren, nicht darunter, sonst läuft der Inhalt aus!

Die Löcher nicht genau mittig bohren, sondern eher am Rand, dann steht der Ring beim Aufhängen nicht so weit von der Wand ab.

Ein Ring, sie zu duschen ...

209

Duschen in fremden Bädern oder auf Campingplätzen kann mühsam sein, weil es oft keine Ablage für Duschgel, Shampoo & Co. gibt. Praktisch ist dann ein Dusch-Ring. Dafür brauchst du nur einen Schlüsselring und kleine Duschgel- oder Shampootuben. Mit einer scharfen Messerspitze bohrst du ein Loch in den Tubenrand und fädelst den Schlüsselring hindurch. Den Ring kannst du an jeden Handtuchhaken hängen.

210 Grill aus der Dose

Aus einer alten Konservendose wird im Nu ein kleiner Grill. Dafür einfach den Deckel entfernen, die Dose am Rand fünf bis sechs Mal einschneiden und die so entstandenen Laschen nach außen klappen. Jetzt noch die Öffnung mit Alufolie abdecken, Kohle rein- und den Grillrost drauflegen – schon kann gegrillt werden!

Du möchtest schnell ein Süppchen aufwärmen? Auch ein Outdoor-Herd lässt sich aus einer Dose bauen. Dazu seitlich ein paar Löcher in die Dose bohren, Kohle reinlegen, anzünden und den Topf daraufstellen.

Zu Hause auf Balkonien kannst du auch einen Keramiktopf zum Grill umfunktionieren: mit Alufolie auskleiden, Kohle reinlegen, Grillrost drauflegen, fertig.

KLEINE 211 LICHTTRÄGER

Die kleinen Dinge sind doch oft das Schönste am Leben! Überrasche deinen Liebsten oder deine Liebste beim nächsten Abendspaziergang am Strand oder bei der nächsten Schneeschuhwanderung mit selbst gemachten Mini-Fackeln. Dazu brauchst du nur ein paar Eisstiele zur Hälfte mit Zeitungspapier und etwas Stoff, zum Beispiel Leinen oder Baumwolle, zu umwickeln und dann in geschmolzenes Wachs, etwa von alten Kerzenresten, zu tauchen – schon lassen sie sich prima anzünden. Die brennenden Fackeln in den Sand, in den Schnee oder einen anderen schwer entflammbaren Untergrund stecken.

Du brauchst Kaffeepulver, ein Tuch oder ein T-Shirt, ein Haushaltsgummi, heißes Wasser und ein Gefäß.

Fülle etwas Kaffeepulver in das Gefäß und gieße es mit heißem Wasser auf.

Kaffeegenuss jederzeit & überall

212

Kaffee ist Luxus, aber darauf verzichten, nur weil man fernab der Zivilisation unterwegs ist? Niemals! Mit ein paar Utensilien und etwas Kaffeepulver im Gepäck kannst du das Heißgetränk auch ohne Kaffeemaschine herstellen.

3

Den Kaffee nach Belieben ziehen lassen, dann das Stück Stoff mit dem Haushaltsgummi auf dem Gefäß befestigen.

Den Kaffee durch das Tuch hindurch in das Gefäß abgießen.

4

Du kannst auch zu Hause schon Kaffeebeutel vorbereiten. Einfach in einen Kaffeefilter etwas Kaffeepulver füllen, gut verschließen und ihn unterwegs wie einen Teebeutel in heißem Wasser ziehen lassen.

Eine bequemere Alternative ist ein mobiles Klapp-WC: Schneide in die Sitzfläche eines alten Klappsessels ein Loch und befestige einen Müllsack darunter.

213
Alles im Eimer

In der Wildnis ist die Notdurft eine heikle Sache. Recht komfortabel hat es aber, wer eine Eimertoilette sein Eigen nennen kann. Du brauchst dazu einen Eimer mit einem Henkel aus Draht, eine ausgediente Poolnudel, einen Müllsack und eine Klopapierrolle. Zuerst schneidest du mit einem Messer einen 2 bis 3 cm tiefen Schnitt in die Poolnudel. Dann hängst du die Klopapierrolle auf den Eimerhenkel, kleidest den Eimer mit einem Müllsack aus und stülpst die Poolnudel über den Rand des Eimers. Fertig ist der Outdoor-Thron!

Wertvolle Blätter

Ob auf dem Jakobsweg, bei einer Bergexpedition, auf einer Tour durch die Wüste oder in einer Nacht im Wald: Eine Rolle Klopapier ist weltweit ein nützlicher Begleiter. Solange sie nicht nass geworden ist! Um die wertvolle Fracht nicht nur davor, sondern auch vor Schmutz zu schützen, verpacke sie in einer Plastikdose. Wenn du diese noch mit einem Schlitz an der Seite versiehst, kannst du das Papier ganz komfortabel entnehmen.

Schon mal CD-Rohlinge gekauft? Eine volle Klopapierrolle passt perfekt in diese Art von Hülle.

Smartphone-Security

215

Wenn du deine Utensilien für den Strandtag einpackst, nimm einen Gefrierbeutel mit Zipverschluss mit. Damit kannst du dein Smartphone vor Sand und Wasser schützen – der Touchscreen funktioniert auch durch die Folie hindurch!

Auch eine – unbenutzte ☺ – Gassigeh-Tüte erfüllt den Zweck.

Daverhafter als mit Klebeband ist eine solche Tragegurt-Konstruktion aus einem Streifen Klettband und einem Stoffstück, das mit der Nähmaschine als Henkel auf dem Klettband angebracht wird.

Urlaub & Reisen

Mit einer Schnur und einem Karabiner kann die Badetuch-Rolle an den Rucksack gehängt werden.

BADETUCH TO GO

216

Egal, wie es zusammengelegt wird, ein Badetuch ist immer ein unhandliches Gepäck. Rolle es für den nächsten Strandtag doch einfach mal zu einem kleinen Bündel zusammen und fixiere die Rolle mit Klebeband. Wenn du aus dem Klebeband auch noch einen Henkel formst, lässt sich das Badetuch spielend leicht tragen.

Schaumparty

Auf einer Luftmatratze im Wasser treiben ist herrlich! Blöd nur, wenn dauernd irgendwo Luft entweicht. Um das Loch ausfindig zu machen, einfach die Luftmatratze mit Seifenwasser „eincremen": Beim Aufblasen bildet sich dort, wo das Loch ist, eine Seifenblase.

Ist das Loch entdeckt, nimmst du am besten Panzertape, um es zu schließen und deiner Luftmatratze das Leben zu retten.

VOLLER DURCH-BLICK

Es nervt, wenn die Taucherbrille innen dauernd beschlägt. Vermeiden kannst du das, indem du die Innenseite mit Zahnpasta einschmierst und danach mit einem Tuch blank polierst.

Nach dem Tauchen bekommst du das Wasser aus den Ohren, indem du einen Luftballon aufbläst: Der Druck pustet das Wasser aus den Ohren und schon hörst du wieder alles.

219 AUF HALDE

Wasserratten halten es ja lange im Pool, Badeteich oder See aus, oft treibt sie nur die Flüssigkeitsaufnahme heraus. Ein Mini-Floß in der Funktion eines schwimmenden Tischchens ist hier die Alternative: In ruhigem, stehendem Gewässer hat man damit immer Getränke, Tauchutensilien und andere nützliche Dinge für den Badespaß in Reichweite.

1

Du brauchst eine stabile Platte, mindestens vier Plastikflaschen und Spanngurte.

Zuerst bindest du die Flaschen mit einem Spanngurt fest zusammen.

Urlaub & Reisen

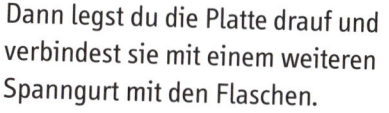

Dann legst du die Platte drauf und verbindest sie mit einem weiteren Spanngurt mit den Flaschen.

Damit ist dein Mini-Floß bereit für den Einsatz! Wenn du die Spanngurte etwas länger lässt, kannst du damit das Mini-Floß an deiner Luftmatratze andocken und bei einem Standortwechsel einfach hinter dir herziehen.

Für einen optimalen Halt empfiehlt es sich, noch einen dritten Spanngurt über der Platte und den Flaschen anzubringen.

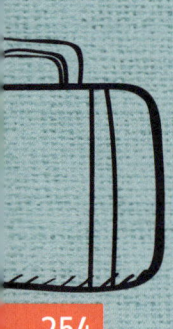

> Alternativ kannst du dich mit einem anderen Endgerät einloggen, also zum Beispiel zwischen Handy und Tablet wechseln.

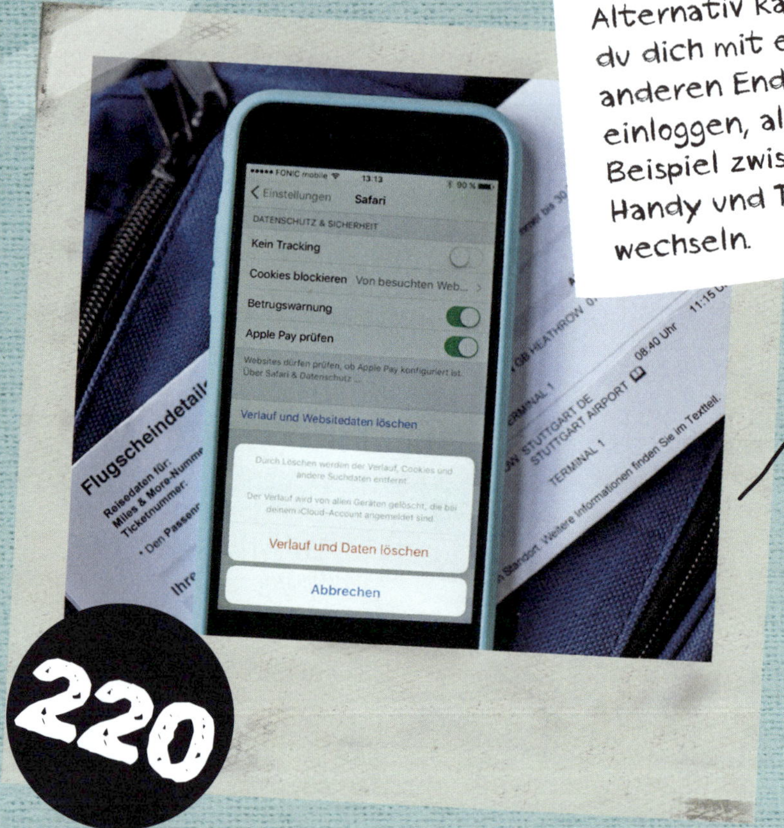

220

KEINE **COOKIES**, KEIN PROBLEM

Viele Flughäfen haben den kostenlosen WLAN-Zugang auf 30 Minuten limitiert. Du kannst diesen länger nutzen, indem du nach dem Ablauf der ersten halben Stunde einfach deine Cookies löschst und dich noch einmal anmeldest.

Let me entertain you!

221

Ohne Unterhaltung können lange Flüge zur Qual werden, und bei vielen Billigfluglinien ist das Unterhaltungsprogramm nicht mehr inklusive. In solchen Fällen lohnt es sich, bei der Flugbuchung das Internet an Bord mitzukaufen. E-Reader oder Tablet hat man ja meist ohnehin dabei.

Super Sache für Dauer-Reisende: ein mobiler Zusatzakku. Damit geht unterwegs nie der Saft aus.

222 ERSTE RING-HILFE

Auf Reisen hat man es gerne bequem, die Lieblingsjeans muss also mit, auch wenn sie schon ein paar Jahre auf dem Buckel hat. Unterwegs gibt dann natürlich der Reißverschluss den Geist auf: Er will einfach nicht mehr schließen. Bevor du die Hose nun wegwirfst, opfere lieber einen Schlüsselring. In diesen fädelst du den Reißverschlusshaken ein und hängst den Haken damit am Knopf oben an der Hose ein. Das fixiert den Reißverschluss, und niemand merkt es!

Einem stockenden Reißverschluss machst du mit einer Bleistiftmine wieder Beine: Einfach mit der Mine über die Zähne des Verschlusses streichen, die Kohle legt sich darüber und der Reißverschluss gleitet einfach darüber.

Du kannst auch eine Büroklammer oder ein Gummiband als Haltevorrichtung verwenden.

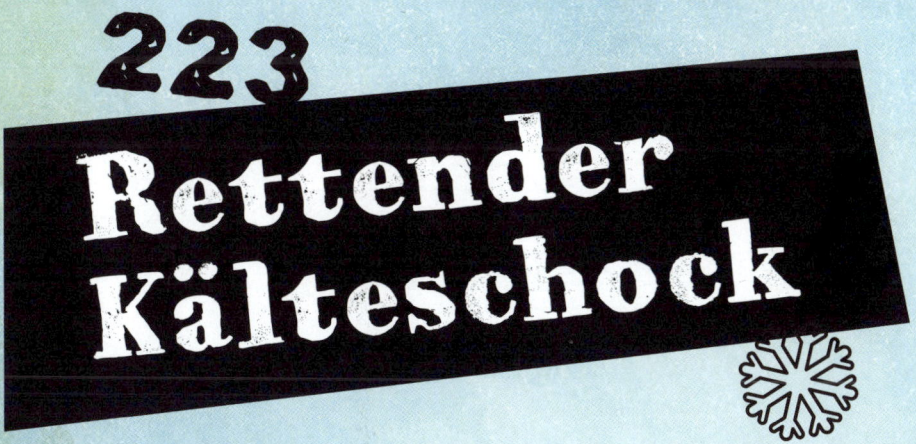

Zum Trocknen kannst du das nasse Buch auch über eine Angelschnur oder Wäscheleine hängen.

223
Rettender Kälteschock

Der Bauchplatscher in den Pool hat gesessen und auch die Urlaubslektüre erwischt. Lege dein Buch jetzt eine Weile ins Gefrierfach und stelle es danach senkrecht zum Trocknen auf. Die angefrorenen Seiten lassen sich jetzt fächerartig auseinanderschieben und werden beim Trocknen nicht mehr zusammenkleben.

224 Hilfe, fliegende Haare!

Durch anderes Klima, fehlende Feuchtigkeit, die Heizung oder Reibung werden Haare trocken und laden sich beim Bürsten statisch auf. Die „fliegende" Mähne bekommst du in den Griff, indem du ein Trocknertuch über die Haarbürste spannst. Wenn das nicht hilft, die Haare feucht machen oder mit Gel bändigen.

Kaltes Föhnen und Bürsten aus Naturborsten wirken präventiv!

225 In der Schwebe

In manchen Badezimmern möchte man seine Zahnbürste nicht auf die Ablage neben dem Waschbecken legen. Muss man auch nicht, wenn man eine Haarspange dabei hat. Klemme deine Zahnbürste in die Haarspange ein und stelle sie in Form eines Dreiecks auf. So berührt der Bürstenkopf nicht die Ablage und schwebt sicher in der Luft.

Auch eine Wäscheklammer kann als Zahnbürsten- oder Nagellackhalter dienen.

226 Kein heißes Eisen

Urlaub & Reisen

Während man sich selbst in den Fluten abkühlt, heizt sich auf dem Parkplatz der Innenraum des Autos in der prallen Sonne auf. Damit das Lenkrad trotzdem direkt beim Losfahren gefahrlos angefasst werden kann, drehe es nach dem Abstellen um etwa 180 Grad — so bleibt die Seite, die du berührst, im Schatten.

Alternativ ein Handtuch übers Lenkrad legen oder die Windschutzscheibe mit einem Karton abdecken.

Coole Sportler ziehen ihre Rad- oder Golfhandschuhe aus der Tasche und schützen so ihre Hände vor dem heißen Lenkrad.

Anti-Fliegen-Massaker

227

Wer ein paar Stunden auf der Autobahn unterwegs ist, hat schnell jede Menge Fliegenleichen auf Scheibe und Scheinwerfern kleben. Mit Zahnpasta lassen sich die blinden Passagiere ratz-fatz entfernen. Danach mit einem trockenen Tuch schön glänzend polieren.

An den Lack solltest du aber nur mit Mikrofasertüchern gehen, nicht mit Zahnpasta!

Besonders gut eignet sich eine Zahnpasta für weißere Zähne, da diese viele Schmirgelpartikel enthält.

Ja 228 wo ist er denn?

Auf welcher Seite war noch mal der Tankdeckel? Beim Mietauto nicht immer leicht zu merken. Meist gilt: Bei Fahrzeugen aus Ländern mit Rechtsverkehr ist der Tankdeckel auf der rechten Seite, bei Modellen für den Linksverkehr links. Um sicherzugehen, kannst du einfach einen Blick auf die Tankanzeige werfen: Der kleine Pfeil zeigt an, wo sich der Tankdeckel befindet. Ist kein Pfeil vorhanden, auf das kleine Zapfsäulen-Zeichen achten – dort wo die Zapfsäule angezeichnet ist, befindet sich in den meisten Fällen auch der Tankdeckel.

Nach dem Volltanken vor der Rückgabe des Mietautos nicht mehr weiter als 20 Kilometer fahren, sonst könnten Zusatzkosten für ein nicht gänzlich vollgetanktes Auto anfallen.

EISKALT ERWISCHT

Meistens passiert es in der Übergangszeit: Plötzlich kühlt es in der Nacht ab und auf der Autoscheibe krallt sich gefrorenes Wasser fest. Wer keinen Eiskratzer hat, nimmt eine Kundenkarte, um für freie Sicht zu sorgen.

Feuchtigkeit und damit Eis im Wageninneren lässt sich vermeiden, indem Zeitungspapier aufs Cockpit gelegt wird. Das saugt die Nässe auf.

Damit erst gar nicht Eis entsteht, die Scheibe abends mit einer Zwiebel oder Essig-Wasser (Verhältnis 1:3) einreiben.

230 AUS SCHWAMM MACH EIS

Mit Kühlakkus ist es so eine Sache: Immer wenn man einen braucht, ist keiner da. Beim nächsten Mal nimmst du einfach einen Schwamm, lässt ihn mit Wasser volllaufen, verpackst ihn in einen Gefrierbeutel und steckst ihn für eine Weile ins Gefrierfach. Der Eisschwamm gibt später Kälte ab und der Gefrierbeutel verhindert ein Wasserbad in der Kühltasche.

Auch eine tiefgekühlte Wasserflasche (ohne Kohlensäure!) leistet als Einweg-Kühlakku gute Dienste.

Weil durch das luftdichte Verpacken Sauerstoff entzogen wird, bleiben Lebensmittel wie Brot oder Obst mit diesem Hack länger frisch.

231
Die Luft ist raus!

Um etwas schnell luftdicht zu verpacken, brauchst du einen Gefrierbeutel mit Zipverschluss und einen Trinkhalm. Lebensmittel und Trinkhalm in den Gefrierbeutel legen, Zip bis zum Trinkhalm schließen und über den Halm die restliche Luft aus dem Beutel saugen. Rasch schließen, und fertig ist das Vakuum!

Schnell mal durchwaschen ...

232

Eigentlich wolltest du ja eine Miniwaschmitteltube zum Waschen deines Lieblings-shirts einpacken – vergessen! Aber keine Panik, nimm stattdessen Haarshampoo. Dieses ist besonders schonend zum Stoff. Es kann auch zuhause ab und zu das Feinwaschmittel ersetzen (um es dauerhaft zu ersetzen, ist es zu teuer).

Achtung! Shampoo taugt nicht als Duschgelersatz! Hier geht Pflege vor.

Sicherer 233 Transport

Einen Parfümflakon kannst du in eine dicke Socke stecken, so geht er im Koffer nicht kaputt.

Noch zusätzlich gepolstert wird das Ganze, wenn du die Socke samt Glasflasche in einen Schuh steckst.

GELDVERSTECK

234

Auf Reisen tut man gut daran, noch ein kleines geheimes Geld-
depot zu haben – für alle Fälle. Säubere einen leeren Lippenstift von
Lippenstiftresten, rolle einen Geldschein und stecke ihn in die Hülse.

Männer, falls euch dieser Trick mit Lippenstiften
in „Rubinrot" und „Pink Lady" peinlich sein sollte,
könnt ihr zu leeren Lippenpflegestiften greifen!

Unkaputtbar

Damit Kompaktpuder und festes Puderrouge auf Reisen nicht
brechen, lege ein oder zwei Wattepads zwischen Puder und Deckel.
Hat der Deckel einen Spiegel, ist auch dieser so optimal geschützt.

Übrigens: Für unterwegs eignen
sich Puderpinsel, deren Borsten
du in den Griff hinein- und
herausdrehen kannst.

Knitterkiller

Knittrige Kleidung kannst du ins Bad hängen, während du duschst. Durch den Wasserdampf werden die Falten gemildert. Das klappt besonders gut in kleinen Hotelzimmerbädern – je kleiner das Bad, desto stärker der Dampf.

Sind nur wenige Falten in der Kleidung, tut's auch ein Wasserkocher. Einfach kochen lassen, die Kleidung mit ca. 30 cm Abstand in den Dampf halten. Ist der nicht vorhanden: anfeuchten und föhnen.

Crinkeln statt Bügeln

237

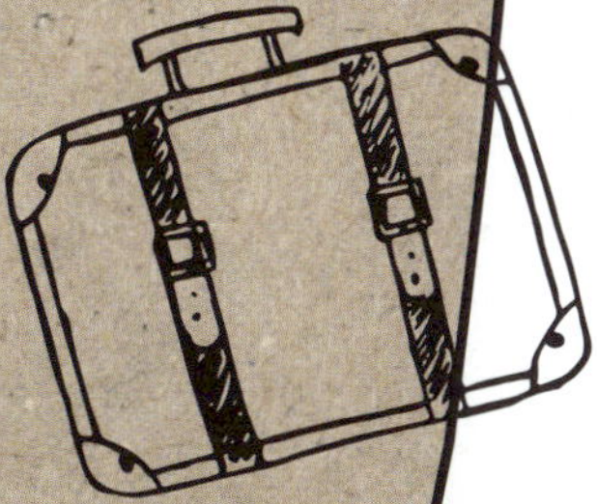

> Der „Crashkurs" sieht auch bei langen Sommerröcken klasse aus!

Die gute Bluse ist im Koffer komplett zerknittert? Wenn du kein Bügeleisen für deine Bluse hast, kannst du aus der Not auch eine Tugend machen: Feuchte die Bluse an und drehe sie zu einem Strang, führe Anfang und Ende der „Wurst" zusammen, sodass sich die Bluse um sich selbst kordelt. Lege dieses Bündel zum Trocknen. Nach dem Auffalten hast du eine modisch gecrashte Bluse.

Erfahrene Wanderer schwören auf diese Kombination: erst Nylonsöckchen, dann (Seiden-)Wandersocken drüber.

BLASEN-VORSORGE 238

Wer Angst vor Blasen an den Füßen hat, sollte zwei Paar dünne Socken übereinander tragen. So reibt beim Laufen Socke an Socke und nicht Socke an Haut.

Noch ein Tipp gegen Blasen

Wenn du mit nackten Füßen in Ballerinas und andere Sommer-
schuhe schlüpfst, merkst du schnell: „Oh, hier reibt's!" Behandle
deine Schuhe an den Problemstellen mit einem Deoroller. Das Deo
wirkt als „Schmiermittel" und vermindert die Reibung an der Haut.

Deospray funktioniert leider nicht!

ES WERDE LICHT!

240

Im Dunkeln kannst du das Licht eines Leuchtstabs oder eines Knicklichts boosten, indem du diesen in eine mit Wasser gefüllte Plastikflasche steckst: Durch das Wasser wird das Licht breiter in die Umgebung gestreut.

Alternativ kannst du deine Taschenlampe oder dein Handy mit eingeschalteter Taschenlampe unter die Wasserflasche stellen.

Den Leuchtstab knicken, bevor du ihn in die Flasche steckst!

GLÜH-241 FRÜCHTCHEN

Um aus einer Orange eine Kerze zu machen, halbierst du eine große Orange und höhlst eine Hälfte mit einem Messer aus. Lass dabei den weißen Strunk in der Mitte stehen, dieser wird später zum Docht. Dann füllst du ein wenig Olivenöl in die Hälfte, zündest den Strunk an und schon hast du für einige Stunden Licht. Nie unbeaufsichtigt brennen lassen!

Achtung: die Orangen-Kerze NICHT mit Wasser löschen! Ausbrennen lassen oder das Feuer mit Sand oder einer Löschdecke ersticken.

Wenn dir die Verwendung von Öl zu gefährlich ist, kannst du stattdessen Kerzenreste in einem alten Topf schmelzen und die Orange mit diesem Wachs auffüllen.

Wider die Viecher!

Draußen & Unterwegs

Eine Insektenfalle kannst du rasch selbst basteln.

Dazu brauchst du nur eine leere
Wasserflasche aus Plastik, eine Schere
oder ein Messer, Klebeband, ein bisschen Spülmittel und einen Lockstoff für
die Insekten (siehe auch Tipp!).

1

2

Schneide die Plastikflasche
im oberen Drittel durch.

Schraube vom oberen Teil
den Deckel ab und tauche den
Verschluss in den Lockstoff.

3

4

Fülle in den unteren Teil Wasser und Spülmittel.

5

Setze den oberen Teil verkehrtherum auf den unteren Teil und fixiere das Ganze mit Klebeband.

Als Lockstoff eignen sich süßer Fruchtsaft, Marmelade oder Zuckerwasser.

WIDER DIE VIECHER! II

243

Gegen nervige Insekten-Plagegeister kannst du dich auch mit einem selbst gemachten Spray schützen. Dazu eine kleine Sprühflasche mit Wasser füllen und ein Päckchen Backpulver, Zitronensaft sowie ein paar Tropfen Zitronenöl hinzugeben. Schütteln, fertig.

Draußen & Unterwegs

Das Gemisch ist auch als Raumspray verwendbar.

Meide grelle Farben und süße Parfüms, beides lockt Insekten an!

> Auch um Räucherstäbchen mit Nelken- oder Zitronenduft machen Wespen einen großen Bogen: Zum einen mögen sie diese Aromen nicht, zum anderen hassen sie Rauch.

Wider die
244 Viecher! III

Den Duft von verbranntem Kaffee mögen Wespen überhaupt nicht. Du vertreibst sie daher ganz schnell, wenn du eine feuerfeste Schale mit Kaffeepulver auf den Tisch stellst und ein brennendes Streichholz hineinlegst. Tschö mit Ö!

Recycling-
Besteck

Ein warmes Süppchen nach der Wanderung ist etwas Feines!
Blöd nur, wenn der Löffel fehlt. Helden der Improvisation greifen
in diesem Fall einfach zur leeren Wasserflasche.

Draußen & Unterwegs

1

Du brauchst eine leere Plastikflasche
und eine Schere oder ein Messer.

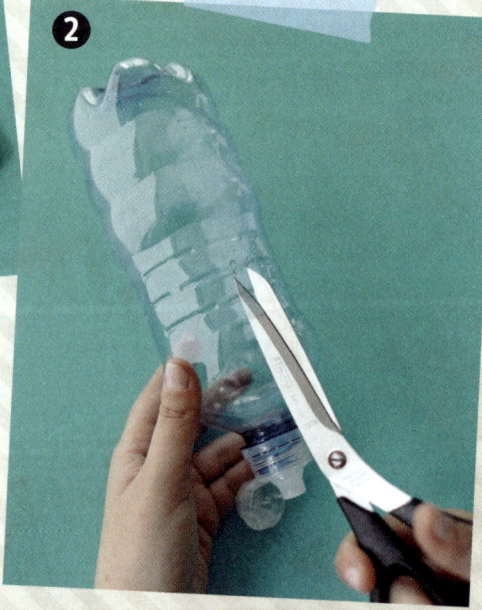

2

Schneide aus dem unteren Ende und dem
mittleren Bereich der Flasche wie im Bild
gezeigt einen Löffel aus. Je größer deine
Flasche ist, desto größer wird der Löffel.

❸

Lass es dir schmecken!

Draußen & Unterwegs

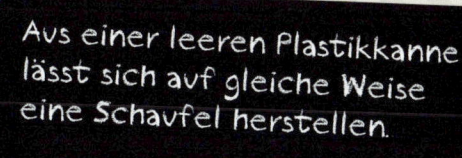

Aus einer leeren Plastikkanne lässt sich auf gleiche Weise eine Schaufel herstellen.

Statt Wetter-frosch

Draußen & Unterwegs

Die Wetterlage lässt sich oft schwer einschätzen, vor allem in alpinen Gegenden. Die Natur kann dafür wichtige Hinweise liefern, Kiefernzapfen beispielsweise sind hervorragende Wetterfrösche: Ist Regen im Anmarsch, schließen sich die Zapfen, weil die Luftfeuchtigkeit steigt. Ist es hingegen warm und trocken und die Regenwahrscheinlichkeit ist niedrig, sind sie weit geöffnet.

Auf Morgenrot folgt meist schlechtes Wetter, auf Abendrot schönes Wetter. Auch das hat mit der Luftfeuchtigkeit zu tun.

Legen sich auf der Alm die Kühe hin, sind sie entweder müde vom langen Tag oder es zieht Regen auf. In jedem Fall sollte man absteigen oder die nächste Hütte aufsuchen.

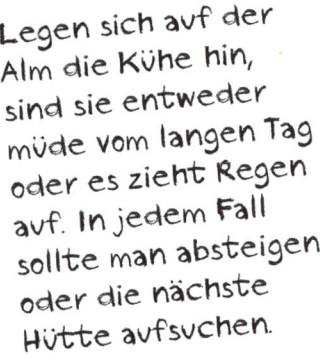

Funktionstest: Lege den Korken ins Wasser – die Nadelspitze sollte sich von alleine gen Norden ausrichten. Den Magneten dabei außer Reichweite legen, damit er die Nadel nicht beeinflusst!

Statt einer Nadel kannst du auch einen dünnen Nagel oder eine aufgebogene Büroklammer nehmen.

247
HANDMADE-KOMPASS

Kein Kompass zur Hand und morgen soll's in die Berge gehen? Bau dir schnell einen! Du brauchst dafür eine Nadel, einen Schulmagneten, ein rund 2 cm breites Stück Flaschenkorken und einen Klebestreifen. Klebe die Nadel mit dem Klebestreifen auf den Korken und streiche mit dem Nordpol des Magneten mehrmals über die Nadel, immer vom Kopf zur Spitze.

243

NÄSSESCHUTZ

Nicht jeder Rucksack hält langen Regengüssen dauerhaft stand. Damit nicht der ganze Inhalt klatschnass wird, kleide den Rucksack vor dem Packen mit einem Müllsack aus. Selbst wenn der Rucksack die Regentropfen durchlässt, haben sie gegen den Müllsack keine Chance.

Beim Packen darauf achten, dass wichtige Dinge obenauf liegen und vollständig vom Plastik umschlossen sind.

Wer wenig Wert auf Ordnung im Rucksack legt, stopft sein Zeug einfach in den Müllsack und diesen dann in den Rucksack.

Sieht vielleicht etwas gewöhnungsbedürftig aus, hält aber trocken!

Aus dem Poncho kannst du einen Mantel machen, indem du ihn vorne vom Saum bis zum Halsausschnitt aufschneidest. Als improvisierter Verschluss eignen sich Kabelbinder, Schnüre oder Büroklammern.

249
Notfall-Poncho

Vom Regen überrascht? Kein Problem: In Sekundenschnelle verwandelst du einen Müllsack mit einer Schere in einen Regenponcho. Schneide dazu an der geschlossenen Seite rechts und links jeweils ein Loch für die Hände aus. Die offene Seite ist unten, aus der geschlossenen Seite oben schneidest du ein Loch für den Kopf aus. Das halbrunde ausgeschnittene Teil kannst du als Kapuze benutzen.

Dosen-Laterne

250

Draußen & Unterwegs

So wird aus einer leeren Thunfisch-dose, einem Holzstab, einem Mar-meladenglas, einem Kronkorken und einer Schraube eine Laterne: Bohre oben in den Holzstab ein Loch vor. Dann durchbohrst du den Boden der Dose sowie den Kronkorken mittig. Schraube die Dose – mit dem Kron-korken dazwischen – auf den Stab. Auf Wunsch lackieren, trocknen lassen und das Glas als Windlicht einsetzen.

Als Stab eignet sich ein abgebroche-ner Stiel einer Harke oder Hacke. Ansonsten im Baumarkt einen Rund-stab aus Holz kaufen.

Windlicht-Halter

251

Draußen & Unterwegs

Du möchtest das Windlicht am Stab von der gegenüberliegenden Seite auf der Terrasse oder im Garten platzieren und weißt nicht wie? Ein schwerer Blumentopf ist die Lösung! Stelle ihn verkehrt herum auf und stecke den Stab durch das Abzugsloch im Boden.

Je höher und schwerer der Blumentopf, desto besser der Halt! Richtig schwere Gegenstände, wie einen Sonnenschirm oder ein Sonnensegel, hält diese Konstruktion allerdings nicht.

252
Blumentopf–Grill

Für improvisierten Grillspaß brauchst du lediglich einen großen Tontopf (mit Loch im Boden) und Alufolie. Keinen altersschwachen Topf verwenden, er könnte beim Erhitzen platzen, und den Grill niemals unbeaufsichtigt lassen.

1 Den Tontopf mit Alufolie auskleiden und die Folie über dem Loch des Topfes durchstoßen, damit Luft von unten heranströmen kann.

2

Dann Grillkohle einfüllen, entzünden und langsam durchbrennen lassen. Methoden zum schnellen Hochheizen sind bei diesem Grill nicht geeignet.

Die restliche Glut nicht mit Wasser löschen, der schnelle Temperaturwechsel könnte den Topf zum Bersten bringen.

GRILLROST SÄUBERN

Lege den Rost ins Gras. Der Tau wird die Verkrustungen in den Nachtstunden schon einmal einweichen und anlösen. Dann hast du es am nächsten Tag leichter, alles mit Spülmittel und Bürste zu reinigen.

Draußen & Unterwegs

Balkongriller wickeln den abgekühlten Rost bis zum nächsten Morgen einfach in gut angefeuchtetes Zeitungspapier.

Funktioniert auch mit braunem Packpapier und Backpapier.

254 Wespen-abschreckung

„Hier wohnt schon jemand!" signalisierst du Wespen mit dem Papiernest – und sie ziehen weiter. Zerknülle eine braune Papiertragetasche zu einem Ball und stabilisiere die Form mit Draht. Noch eine Aufhängung zurechtbiegen, dann die Wespennest-Attrappe dort aufhängen, wo immer mal wieder Wespen ganz verdächtig umherschwirren.

ANTI-MÜCKEN-SPRAY

Koche Wasser auf und lasse es abkühlen. Mische 200 ml davon mit 10 Tropfen Teebaumöl und gib es in eine Sprühflasche. Nur zu etwa zwei Dritteln füllen, denn vor dem Aufsprühen musst du Wasser und Öl jedes Mal durch Schütteln vermischen.

Draußen & Unterwegs

Mücken mögen den Geruch von Teebaumöl nicht.

Weihnachtslichterketten hat fast jeder zu Hause. Damit man sie auch im Sommer nutzen kann, tarnst du sie mit lustigen Bällchen. Schneide mit einem Cutter jeweils ein Kreuzchen in Tischtennisbälle. Nun je einen Ball auf ein Lichterketten-Birnchen stülpen – fertig!

Am besten wetter-
feste Lichterketten
verwenden.

Draußen & Unterwegs

Beim Abwaschen des Deckels musst du aufpassen, dass der Ring nicht abrutscht. Du könntest dich sonst verletzen.

TRINKGLÄSER MIT DECKEL 257

In Gläser mit Deckel kann sich keine Wespe verirren. Bohre ein Loch in den Deckel eines Schraubglases. Wichtig ist, dass du von der Innenseite des Deckels nach außen bohrst, damit der Grat nach außen steht. Diesen mit einer Feile oder Zange glätten und darauf einen Gummi-Dichtungsring aus dem Baumarkt stülpen. Perfekt sind Ringe mit 13 mm Außendurchmesser, dann passt später auf alle Fälle ein Trinkhalm hindurch.

Limo-Vase

258

Viele Mineralwasser- oder Limonadenflaschen haben schöne Formen und sind zum Wegwerfen viel zu schade. Mit buntem Klebeband aufgepeppt werden sie zu schmucken Vasen für einzelne Blütchen.

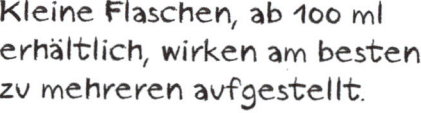

Kleine Flaschen, ab 100 ml erhältlich, wirken am besten zu mehreren aufgestellt.

1-, 2- und 5-Cent-Münzen besitzen eine Kupferummantelung und eignen sich daher.

259

Blumenstrauß mit Glücks-Cent

Blumen machen in der Vase häufig schon nach zwei, drei Tagen schlapp. Kupfer wirkt leicht antibakteriell und soll die Ausbreitung von Bakterien in der Vase eindämmen. Deshalb gib ein paar Kupfermünzen mit ins Blumenwasser.

260 PALETTEN-SIDEBOARD

Stelle zwei gleich große Paletten aufrecht gegeneinander. Schraube die hintere Palette sicherheitshalber an die Wand und die zweite Palette gegen die erste. So kann später nichts umkippen. Lege obenauf eine Lage Terrassenplatten oder ein paar frostfeste Fliesen.

Zwei zusammenstehende Paletten ergeben oben häufig eine Breite, die gut zu einer 30 cm breiten Standard-Fliese passt.

Schneller

Beistelltisch

Ein großer Blumentopf aus Ton, ein Untersetzer obenauf gepackt – fertig ist dein improvisierter Beistelltisch.

Draußen & Unterwegs

Wenn du eine schöne Tischplatte, eine ausreichend große Holzplatte oder ein großes Tablett hast, kannst du auch diese auf einen Kübel setzen.

Für die etwas dünneren Plastik-
tüten eignet sich der Universal-
verschluss besonders gut.

Einfach 262
zugeschraubt

Wirf die Verschlüsse von Plastikflaschen nicht weg! Der Schraubverschluss kann noch gute Dienste erweisen, zum Beispiel wenn du eine Lebensmitteltüte wieder verschließen möchtest. Dazu einfach den Schreibverschluss der Flasche abschneiden, die offene Seite der Tüte von unten durch den Verschluss ziehen und das überstehende Plastik außen um den Verschluss legen. Jetzt drehst du den Deckel wieder drauf, und schon kannst du die Tüte nach Belieben öffnen und schließen.

An der Angel

Mit Freunden am See – wie toll wäre es jetzt, wenn jemand eine Angelausrüstung dabei hätte! Die braucht es aber gar nicht, um den Hunger zu stillen. Löse einfach die Lasche von deiner Getränkedose ab und zwicke sie mit einer Zange auf: Schon hast du einen Angelhaken, und das große Fischen kann beginnen.

Für den Fall, dass nichts anbeißt, lass die wartende hungrige Meute einfach mehr Getränkedosen-Nachschub produzieren – das stimmt sie sicher milde.

Feuer 264 im Glas

Beim Trekking vom Regen erwischt zu werden, ist unangenehm. Noch blöder, wenn dann auch noch deine ganzen Sachen nass werden, zum Beispiel die Streichhölzer. Letztere solltest du darum vorbeugend in ein Schraubglas packen, auf dessen Deckel du die Zündfläche aufklebst.

Um auch die Zündfläche vor Feuchtigkeit zu schützen, klebe sie auf die Innenseite des Deckels.

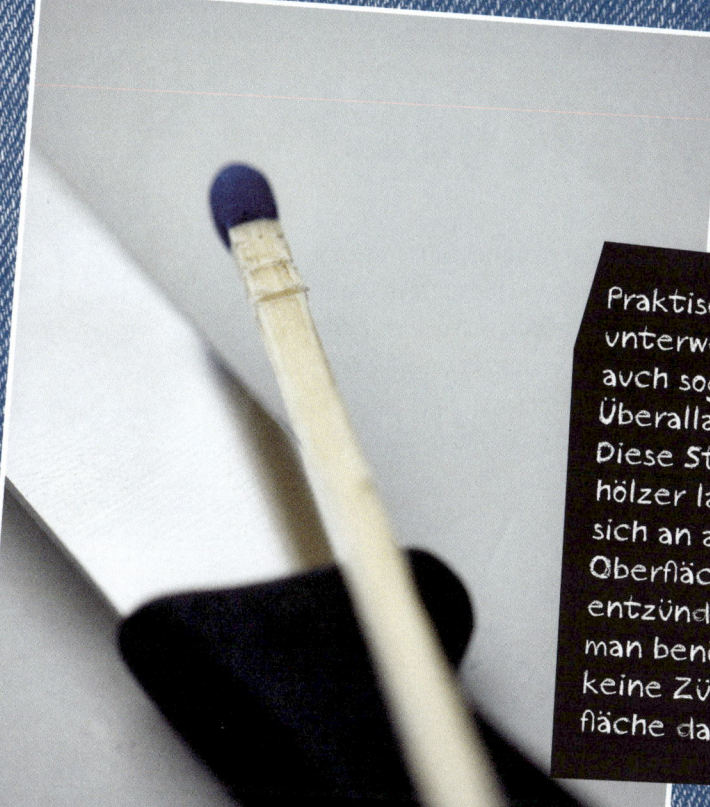

Draußen & Unterwegs

Praktisch für unterwegs sind auch sogenannte Überallanzünder: Diese Streichhölzer lassen sich an allen Oberflächen entzünden, man benötigt keine Zündfläche dafür.

FEUER IM WIND

265

Schon mal versucht, ein Streichholz im Wind anzuzünden? Das ist ganz schön tricky. Leichter geht es, wenn du mit einem Taschenmesser unterhalb des Streichholzkopfs kleine Kerben einritzt: Die Flamme wird dadurch größer und kann sich besser gegen den Wind durchsetzen.

RESTE-VERWERTUNG

Dein Grill kommt schneller in Gang, wenn du zum Anzünden eine Starthilfe verwendest. Dazu brauchst du eine Klopapierrolle, Watte oder Wolle und Kerzenwachsreste. Zuerst tränkst du die Watte oder Wolle mit geschmolzenem Wachs. Dann wird alles in die Klopapierrolle gestopft, angezündet und in den Grill gelegt.

Draußen & Unterwegs

Tacos lassen sich auch als Anzünder verwenden.

Funktioniert auch mit dem Kamin in der Hütte!

Flammenbändiger aus der Küche

Der Salzstreuer darf beim nächsten Grillausflug mehr als nur Würzen! Ein bisschen Salz auf den Kohlen hilft nämlich, die Flammen und den Rauch zu bändigen, ohne dabei die Hitze zu reduzieren.

Draußen & Unterwegs

Die schmutzigen Hände nach dem Hantieren mit Holz und Kohle bekommst du mit ein bisschen Salz und Wasser im Nu sauber.

268 Sand-Waschgang

Flaschen sind mit ihren dünnen Hälsen und dicken Bäuchen schwer zu reinigen, vor allem unterwegs. Ein wenig feiner Sand kommt da ganz gelegen: Fülle ihn gemeinsam mit Wasser in die Flasche, schüttle sie vorsichtig und leere das Sandwasser wieder aus. Mit klarem Wasser sorgfältig ausspülen – sonst knirscht es zwischen den Zähnen!

Mit ganz, ganz feinem Sand – ohne Steinchen! – kannst du so auch Thermosflaschen reinigen.

Rasierschaum geht auch, falls du ohne den nicht wandern gehen willst.

Rosskastanienblätter und ein wenig heißes Wasser sind die 100% natürliche Alternative.

HANDWASCH-
PASTA 269

Wenn du mit dem Rucksack lange unterwegs bist, zählt jedes Gramm auf deinen Schultern, also lass die Seife zu Hause: Deine Hände kannst du unterwegs genauso gut mit deiner Zahnpasta waschen.

Winter und Weihnachten

Smarter **270** Handschuh

Du kannst die Zeigefinger deiner Handschuhe mit leitfähigem Silbergarn besticken, damit du dein Smartphone auch mit Handschuhen benutzen kannst.

Das Garn ist sehr günstig im Handel erhältlich und man kann es mit einer Stopfnadel gut verarbeiten.

Vögel 271 füttern

Easy Vogelfutterstelle: Tetra Pak™ leer trinken, ausspülen und trocknen lassen und dann mit einem sehr scharfen Teppichmesser vorn und hinten ein „H" einschlitzen. Die Teile nach oben und unten außen knicken. Eine Holzstange als Sitzgelegenheit für die gefiederten Freunde durch die unteren Klappen bohren (um den Stab leichter durchzubohren, ritzt du mit dem Cutter in die Klappen ein kleines „X"). Durch das schräge Dach führst du mit einer stabilen Nadel ein Stück Paketband, dann kannst du deine Futterstelle daran aufhängen.

Das Vogelhaus lässt sich mit Acrylfarben oder Permanentmarkern bemalen.

272 RUTSCHFEST

Um deine Schuhe wintersicher zu machen, kannst du dir mit einem Schraubenzieher kleine Schrauben in die Profilsohle eindrehen. Aber Achtung – du solltest darauf achten, dass die Schrauben nicht länger sind, als das Profil deiner Boots tief ist. Wähle zum Einschrauben die höheren Stellen des Profils. Nimm rostfreie Schrauben.

Wenn das Profil schon etwas runtergelaufen ist, ist das eine gute Möglichkeit, um deine Schuhe noch mal glatteisfest zu machen.

KAMINFEUER DELUXE 273

Anzünder-Alternativen sind getrocknete Zitronenschale oder Schalen von Macadamia-Nüssen.

Trockne Orangenschalen auf einem Backblech bei 60 °C (Umluft) ca. vier Stunden im Backofen. Die getrockneten Orangenschalen legst du in eine Papiertüte und verwendest das Bündel als Anzünder für den Kamin (oder das Winter-Lagerfeuer). Durch die ätherischen Öle in der Schale duftet es im ganzen Zimmer.

274

Wischer-Wickel

Kniestrümpfe über den Scheibenwischern leisten gute Dienste: Die Scheiben-
wischer sind frostsicher verpackt und haften nicht an der Scheibe.

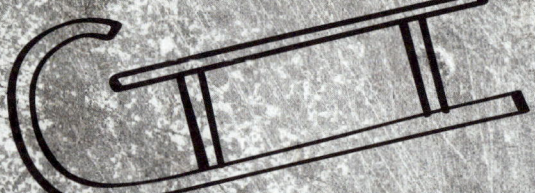

Außerdem sieht das witzig aus!

314

Winter & Weihnachten

In Drogerien gibt es oft kleine Packungen Hände-Desinfektionsmittel als Produktproben. Die sind günstig und noch taschenkompatibler.

Schloss 275 enteisen

Wenn das Schloss deines Autos eingefroren ist und du keinen Schlossenteiser hast, dann hilft Hände-Desinfektionsspray. Es enthält genug Alkohol, um dein Schloss sofort aufzutauen. Außerdem passt es gut in die Tasche und lässt sich prima dosieren.

Anti-  276
Augenknitter

Ist deine Haut unter den Augenwinkeln auch manchmal trocken und zer-knittert wie Papier? Ein, zwei Tropfen Mandelöl sind eine schnelle Sofort-pflege. Am besten natürlich in Bio-Qualität.

Fast so gut wie ein Anti-Falten-Serum – und viel billiger.

Winterkälte

277

Kälte? Das bedeutet besonderen Stress für die Hautpartien, die ungeschützt Wind und Wetter ausgesetzt sind. Du kannst deine empfindliche Gesichtshaut mit einer reichhaltigen Creme schützen. Vertausche also einfach deine Tages- und Nachtcreme, benutze die Nachtcreme am Tage! Nachtcreme ist meist fetthaltiger als Tagescreme, dieses Fett schützt die Haut. Damit deine gewohnte Dosierung von Fett- und Feuchtigkeitspflege nicht durcheinandergerät, ist der Tausch der Cremesorten die perfekte Lösung.

Wasser ist wichtig! Trinke viel und verwende Präparate, die Hyaluronsäure enthalten. So kann auch deine Haut viel Wasser speichern.

Beginne mit der Sonderpflege, sobald du im Herbst die Heizung anschaltest.

278

Gewürzbeutel

Dieser Beutel schwimmt oben! Teebeutel mit Gewürzen füllen und den Beutel mit einer Klammer verschließen. Danach einen Korken an den Beutel binden – und einen frischen Gewürztee servieren.

Der perfekte Gewürztee: 1 g Zimt, 1 Messerspitze Kardamom und 2 g Kakaoschalen.

279 STERNENGLANZ IM GLAS

Einfach nur Glühwein servieren war gestern! Mit einer schicken kleinen Ausstechform kann man schöne Elemente aus einem in Scheiben geschnittenen Apfel ausstechen und so den Glühwein (oder Apfelpunsch) in einen echten Hingucker verwandeln.

Kindervariante: Anstelle von Glühwein schmeckt auch heißer Johannisbeersaft mit Zitronensaft gemischt sehr lecker.

BEMALTER WÜRFELZUCKER

Süße Liebesgrüße: Male mit einem dünnen Pinsel und roter Lebensmittelfarbe kleine Herzen auf Würfelzucker. Das Ganze dann 10 Minuten trocknen lassen, bevor du den Zucker zu Kaffee- oder Tee servierst.

Winter & Weihnachten

Achtung! Das Getränk verfärbt sich vom Liebeszucker.

Glühweinsüße

Lecker in Glühwein oder auf dem Joghurt: Von einer Bio-Orange die Schale abreiben und für ein paar Stunden trocknen lassen. 100 g Zucker mit einer geriebenen Zimtstange und einem halben Teelöffel Kardamom mischen. Abschließend die getrocknete Orangenschale unter den Zucker mischen.

281

Macht sich auch prima oben auf dem Milchschaum von Cappuccino und Latte Macchiato – mhm, Weihnachtskaffee!

Vor dem Abbrennen das Papier entfernen und die Kerzen auf einen feuerfesten Teller stellen.

Schnelles Geschenk!

282

GEWÜRZKERZE

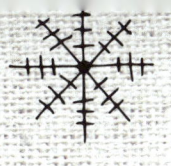

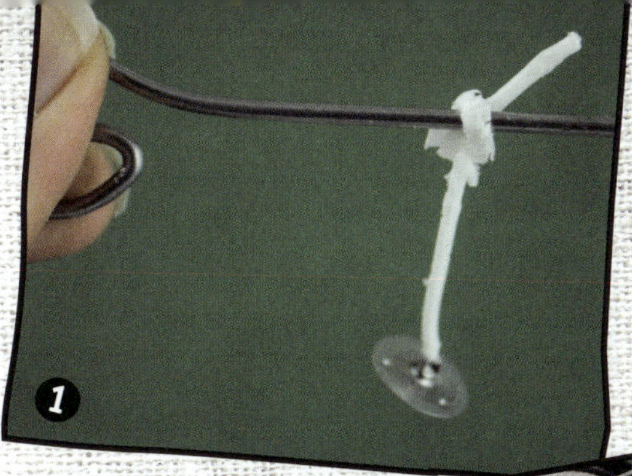

1 Du knotest jeweils einen Docht an einen Schaschlikspieß.

2 Ein Muffinblech mit Papiermuffinförmchen auslegen. Die Spieße mit den Dochten legst du quer über die Muffinmulden, sodass die Dochte in die Muffinförmchen hängen. Brösle nun Kerzenwachs oder 3–4 Teelichte in die Förmchen.

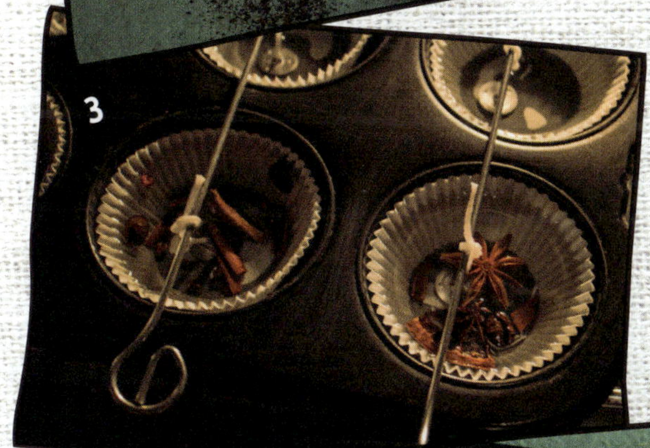

3 Stelle das Muffinblech mit den Schaschlikspießen etwa 10 Minuten, bei 150 °C (vorgeheizt) in den Backofen. Ist das Wachs fast flüssig, legst du deine Gewürze (Zimtstangen, Kaffee, roten Pfeffer, getrocknete Orangenstücke und Sternanis) hinein.

4 Nimm das Muffinblech aus dem Backofen, und wenn das Wachs fast wieder fester wird, legst du noch einige dekorative Gewürzstücke drauf.

283 Winter auf Vorrat

Nimm dir das, was für dich Weihnachten symbolisiert: Watte, Spielzeugautos, Holzengel, Bäumchen von Eisenbahnplatten oder was auch immer du gerade parat hast und befestige es mit Klebstoff im Inneren eines Schraubglas-Deckels. Zuschrauben und fertig!

Schneekugel: Plastiktier auf Deckel kleben, Glas mit Wasser und Glitter füllen, Deckel aufschrauben. Fertig!

Alternativ formst du viele Kugeln aus Alufolie und mischst sie unter deine Baumkugeln – fällt fast nicht auf und gibt ebenfalls mehr Volumen.

Dekorations-volumen 234 *

Wenn mal wieder nicht genug Kugeln zu finden sind, dann kannst du ein wenig tricksen. Nimm dir ein großes Gefäß und stelle eine Klopapierrolle hinein. Nun verteilst du Christbaumkugeln um den Pappkern, bis dieser verdeckt ist und schon sieht es aus, als ob das ganze Gefäß mit Kugeln befüllt sei.

Winter & Weihnachten

Schnellverpackung: Plätzchentüte

285
Adventskranz to go

Diesen Adventskranz kannst du wirklich überall mit hinnehmen – sogar auf Weltreise. Vier Teelichte mit Washi-Tape verzieren und die Ziffern von 1–4 draufschreiben; ein paar Streichhölzer dazu – fertig!

Advents-kalender-blech

Ein 24er-Muffinblech wird schnell zu einem Adventskalender, wenn man sich aus Tonpapier in Lieblingsfarben 24 Kreise ausschneidet, die die Mulden 5 mm überlappend abdecken. Tonpapierkreise mit Aufklebern, Stiften und den Ziffern von 1–24 gestalten, Mulden füllen und die Kreise anschließend mit doppelseitigem Klebeband auf die Mulden kleben.

Winter & Weihnachten

Gute Füllungen sind Schokolinsen, Bonbons, Knöpfe, Zettel mit Sprüchen oder aber kleiner Baumschmuck.

Wie unauffällig!

Einen Nagel in die Tür schlagen — nur für einen Türkranz? Das hinterlässt gewiss hässliche Löcher. Du kannst auch einfach unauffällig einen Nagel oder eine Reißzwecke mit dem Hammer in die obere, schmale Türkante schlagen. Mit Nylonfaden den Türkranz daran „unsichtbar" aufhängen.

Winter & Weihnachten

Du kannst dir auch aus einem alten Drahtkleiderbügel einen kleinen abnehmbaren Aufhängehaken biegen, den du oben über die Tür legst.

Nadelfrei

Tannengrün nadelt weniger und hält länger frisch, wenn du den Ast-anschnitt mit feuchtem Küchenkrepp umwickelst und es dort mit einem Gummi fixierst. Das Küchenkrepp von Zeit zu Zeit wässern, z.B. mit einer Sprühflasche.

Von bekannten Varianten wie dem Einsprühen mit Haarlack ist dringend abzuraten, denn das macht dein trockener werdendes Tannengrün nur noch brennbarer!

Winter & Weihnachten

289 WASSERBAD

**Achtung!
In der Mikrowelle verbrennt
Schokolade schnell!**

Die Schokolade (egal welche Sorte!) zum Verzieren von Weihnachtsleckereien lässt sich ganz einfach schmelzen, wenn man sie in einem Wasserbad erhitzt. Dazu eine hohe Schale in einen mit Wasser gefüllten Topf stellen und das Wasser zum Kochen bringen. Sobald die Schokolade anfängt zu schmelzen, rührst du ständig kräftig um.

KEKSE 290 PRÄGEN

Eine individuelle Teig-Prägung bekommst du ganz einfach hin, indem du deinen ausgerollten Keksteig vor dem Ausstechen mit einem schön geprägten Gefäß überrollst (Vasen haben oft tolle Oberflächen). Du kannst Kekse auch mit Glasböden bestempeln (und mit der Öffnung sogar ausstechen).

Winter & Weihnachten

> Du hast kein Nudelholz?
> Du kannst den Plätzchenteig
> gut mit einer vollen Bierdose
> ausrollen.

Härtefall

291

Manchmal werden knusprige Plätzchen in der Keksdose einfach zu hart. Lege ein Apfelstück, am besten auf einem Stück Backpapier, oben auf die Plätzchen in der Dose, dann werden die Kekse wieder lecker.

Alternativ kannst du auch ein angefeuchtetes Küchenkrepp auf das Backpapier legen, solltest du befürchten, dass der Apfel die Plätzchen zu sehr aromatisiert.

Knusperkekse

292

Küchenkrepp zweimal jeweils mittig falten und mit einer Schere einen Viertelkreis über die offenen Seiten schneiden. Entfaltet hat man ein rundes Küchenkrepp für runde Keksdosen.

Damit Plätzchen in der Keksdose schön knusprig bleiben, schichtet man die Plätzchen Lage für Lage in die Keksdose. Stets eine Lage Kekse mit Küchenkrepp bedecken und anschließend die nächste Lage darauf stapeln, die wiederum auch mit Küchenkrepp bedeckt wird.

Mehlstaub auf dem Förmchen ist besonders bei komplexen Ausstechformen unverzichtbar!

Völlig 293 losgelöst

Die Plätzchen lösen sich beim Ausstechen schlecht vom Förmchen? Dazu einen kleinen Mehlhügel neben dem ausgerollten Teig aufhäufen und vor dem Ausstechen stets die Ausstechform kurz ins Mehl tauchen. Die Plätzchen lösen sich so ganz von allein aus dem Ausstecher oder dem (Holz-)Model.

Angebrannte Kekse retten

Angebrannten Keksen rückst du am besten mit einer Reibe auf den Leib. Rasple die angebrannten Stellen einfach ab, danach schmecken die Kekse lecker wie immer.

Anschließend mit Kuvertüre überziehen, dann sieht das Unglück kein Mensch!

Winter & Weihnachten

Heul doch! 295

Was für ein originelles Geld-Geschenk! Die oberen zehn Taschentücher einer Taschentuchbox entnehmen. Arbeite mit Klebestreifen oder Washi Tape: Jeweils einen Geldschein an ein Taschentuch kleben, dann alles zu einer langen Kette verbinden. Alles zurück in die Box stopfen. (Optional: Taschentücherbox mit Farbe, Geschenkpapier und Bändern gestalten.) Schleife drum – fertig!

Statt Geld funktionieren auch liebe Zettelbotschaften.

Gut für Schmachtfilm-Liebhaber!

> Einfacher als Scheine sind Münzen, denn du kannst sie mit Washi Tape zu kleinen Türmen kleben.

296

Süße
Moneten

Nimm dir eine Pralinenschachtel und iss die Hälfte der Pralinen auf. Fülle nun die leeren Plätze mit Geld auf. Die Scheine kannst du nach dem Falten mit einem Faden fixieren (oder du faltest einen Origami-Kranich). Verschließe nun die Schachtel wieder und verschenke sie.

Kugeln statt Eier

Wohin mit den Kugeln, wenn die Originalverpackung über die Jahre verlorengegangen ist? Kein Problem: Lege sie in leere Eierkartons.

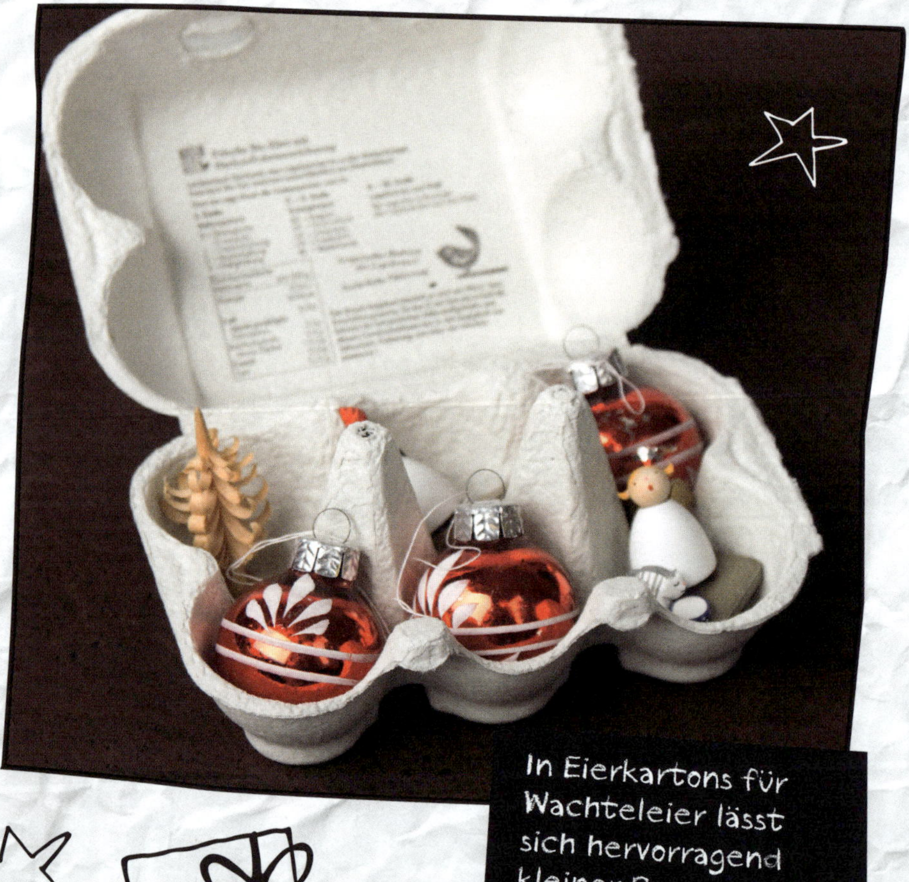

In Eierkartons für Wachteleier lässt sich hervorragend kleiner Baumschmuck verstauen.

Gut auswaschen!

298
Lametta statt Salat

Das ist mal sinnvoll recycelt: Kleine Salat- oder Obstschalen aus durchsichtigem Plastik, eignen sich prima, um darin weihnachtliche Kleindekoteile aufzubewahren. Weil sie durchsichtig sind, siehst du auch immer, was drin ist. Deckel weg? Einfach mit Frischhaltefolie umwickeln.

Von der Rolle

299

Das Kuddelmuddel der Lichter- und Baumketten hat ein Ende, wenn du sie vor dem Verstauen auf Papprollen aufziehst. Dann kannst du sie kommendes Weihnachten ganz stressfrei wieder abwickeln.

Klebe Anfang und Ende mit etwas Klebefilm fest, dann rutscht nichts von der Rolle!

LICHTERKETTE
(UNVERKNOTET)

Um Lichterketten ordentlich aufzubewahren – ohne Kabelsalat im nächsten Jahr – wickelst du sie am besten auf Pappstücke. Sie lassen sich so problemlos auch in den Kisten mit Weihnachtsdeko verstauen und stapeln. Die Stecker bzw. die Enden der Lichterketten solltest du mit einem Stück Klebestreifen an der Pappe fixieren.

Wer es noch exakter mag, kann oben und unten Ritzen in die Pappstücke machen, um die Kabel darin beim Umwickeln festzuklemmen.

WRAPPING

WRAP

Ein Kleiderbügel und eine Schutzhülle für Anzüge sind sehr dienlich, um Geschenkpapierrollen ordentlich aufzubewahren: Bügel im Kleiderschrank einhängen, die Geschenkpapiere nebeneinander in der Kleiderschutzhülle positionieren und schon sind sie ordentlich, staub- und feuchtigkeitssicher bis zum nächsten Advent aufbewahrt.

Mache dir Themensäcke. So hast du das Weihnachts-, Geburtstags- oder Osterpapier mit einem Griff.

Aufgehängt!

302

Geschenkpapiere, die nicht auf Rollen gelagert werden (Einzelbögen), kannst du auf Hosenbügel hängen, dann bleiben sie absolut knitterfrei.

Super Staubschutz:
Reinigungsfolie (die mal über
dem guten Hemd war) über
den Hosenbügel stülpen.

Sternschnuppen 303

Eine gefahrloser Silvesterspielspaß auch für Kinder: Nachtleuchtende Plastiksterne (wie man sie von der Kinderzimmerdecke kennt) oder Dekoglitzersterne lassen sich prima mit einem Haushaltsgummi wegschnipsen.

Wunsch im Geist formulieren und der Sternschnuppe mit auf den Weg geben.

Der Knaller! 304

Eine Klorolle mit Süßkram, Luftballons und einem klugen Spruch füllen, in Krepppapier wickeln und die Enden bonbonartig verdrehen. Alles mit Klebestreifen zukleben. Wer die Bonbons außen noch mit Aufklebern oder bunten Tapes verziert, macht sie zu dekorativen Hinguckern auf dem Silvesterpartytisch.

Bei selbstgemachten Knallbonbons geht es vor allem um den Inhalt.

DIE AUTOREN

Benjamin Behnke lebt in Dortmund und ist als IT-Berater in ganz Deutschland unterwegs. Er hat das Kochen von seiner Großmutter gelernt und schon zu Studentenzeiten für Freunde gekocht. Ihn interessieren besonders einfache, aber kreative Rezepte, ungewöhnliche Lebensmittel-Kombinationen und ausgefallene Zubereitungsmethoden. Zudem ist er nach eigener Aussage auch ein sehr guter Esser und hat schon mal Spaghetti Bolognese mit Katzenfutter gekocht.

Kai Daniel Du lebt in Adendorf bei Lüneburg und arbeitet als wissenschaftlicher Mitarbeiter. Er kocht seit über dreißig Jahren. Das erste Gericht — Rührei — hat er mit etwa vier Jahren gekocht und dachte schon damals: „Wenn ich mir selbst etwas zu essen machen kann, wann immer ich will, gehört mir die Welt." Heute interessiert Kai sich für Speisen und Rezepte von nah und fern. In seiner Freizeit produziert er den Hobbykoch-Podcast (www.hobbykoch-podcast.de), in dem er Rezepte ausprobiert und erfindet.

Antje Krause lebt in der Nähe von Berlin. Sie hat vor ewigen Zeiten Landschaftsplanung studiert. Wenn ihre damaligen Professoren wüssten, dass sie sich nicht mehr der Planung, sondern mehr der Spontanität im Garten verschrieben hat … Sie lässt sich gern von ihrem eigenen Garten zu neuen Ideen inspirieren und ist derzeit als Garten- und Kreativbuchlektorin und Autorin tätig. Und sie hat das Lifehack-Fieber gepackt! Bei jedem Gegenstand, den sie in die Hand nimmt, überlegt sie mittlerweile, wie man ihn zweckentfremden und im Garten nutzen kann.

Ina Volkmer kennt sich als freie Journalistin in vielen Themengebieten bestens aus. Ob Psychologie, Reisen, Ernährung & Gesundheit, Kochen, Wohnen, Beauty, Kultur & Musik oder Sport – sie fühlt sich in vielen Bereichen zu Hause. Ihre Leidenschaft ist jedoch die Natur und alles, was man damit anstellen kann. Wenn sie nicht gerade beruflich auf Reisen ist, befindet sich ihr Lebensmittelpunkt im Herzen Hamburgs, mitten im Leben, mitten auf St. Pauli.

Susanne Pypke arbeitet als freie Lektorin und Kreativ-Autorin. Ob Stricken, Nähen, Häkeln, Basteln oder Upcycling – ihre Leidenschaft für das Selbermachen hat sie schon früh entdeckt. Und das hat sich bis heute nicht geändert. Mit ihrem Mann und ihren zwei Kindern Justus und Ruben lebt sie im Stuttgarter Westen, wo sie ihr Können in zahlreichen DIY-Projekts umsetzt. Ihre beiden Jungs halten sie dabei ganz schön auf Trab und inspirieren sie zu immer neuen Ideen. Einen kleinen Einblick in ihre kreative Welt gibt sie auf ihrem Blog (www.fraeuleinfloh.blogspot.de).

Anita Arneitz tingelt seit fast zwei Jahrzehnten als journalistische Schreib-Nerdine mit einem latenten Hang zu seitenlangen Checklisten durch die Welt, um über außergewöhnliche Menschen und Orte zu berichten. Dazwischen wird sie immer wieder als Bloggerin und Buchautorin aktiv. Sie wohnt am Wörthersee, lehrt an Universitäten und Weiterbildungsstätten, coacht Schreibinteressierte aus der Wirtschaft und schreibt selbst leidenschaftlich gerne. Auf ihrem Reiseblog (www.anitaaufreisen.at) bekommt man viele tolle Urlaubsideen.

REGISTER !